TPL48+2
下巻

壁新聞ポスターと
パワポスライドで
子どもたちの
興味・関心を育む

食べ物ふしぎ10パネル

監修：横浜市楽しい食育サポートチーム

イラスト：日南田淳子

JN034787

PDF・
パワーポイント
（.pptx）

CD-ROM
付き

健学社

もくじ

食べ物ふしぎ10パネル

いのちもやすぜ！

◎ 付属CD-ROMの使い方

※付録の CD-ROM には、PDF と PowerPoint の2種類の教材・資料データを収録しています。
　本書の掲載順に4月から3月までの月順で並んでいます。

下0401たけのこ	下1101にんじん
下0401たけのこ	下1102りんご
下0402さやえんどう	下1102りんご
下0402さやえんどう	下1201はくさい
下0501そらまめ	下1201はくさい
下0501そらまめ	下1202かぼちゃ
下0502アスパラガス	下1202かぼちゃ
下0502アスパラガス	下x101さといも
下0601ピーマン	下x101さといも
下0601ピーマン	下x102ほうれんそう
下0602さやいんげん	下x102ほうれんそう
下0602さやいんげん	下x201ひじき
下0701トマト	下x201ひじき
下0701トマト	下x0202もやし
下0702オクラ	下x202もやし
下0702オクラ	下x0301しいたけ
下0801こんぶ	下x301しいたけ
下0801こんぶ	下x302菜の花
下0802メロン	下x302菜の花
下0802メロン	下x303いちご
下0901ぶどう	下x303いちご
下0901ぶどう	
下0902れんこん	
下0902れんこん	
下1001くり	
下1001くり	
下1002ごま	
下1002ごま	
下1101にんじん	

PDF「ポスター資料」

そのまま印刷してポスターとして使用できます。大きめに印刷して掲示物などにご活用ください。パスワードはかかっていません。

パワポ「プレゼン資料」

下巻収録の PowerPoint 資料には共通のパスワードがかかっています。上記のパスワードを入れて開いてご使用ください。各画面上の画像は少し細かく分かれていますので、スライドショーにして動画などにも書き出せます。くわしくは専門書などをご覧ください。なお、スライドの要素を入れ替えて、各校でオリジナルの資料を作ることもできます。

パスワード「tenten」

食べ物ふしぎ10パネル
120%フル活用ガイド

月刊『食育フォーラム』編集部

10 教材「10パネル」の構成

10パネルは、横浜市楽しい食育サポートチームの先生方が作った原案をもとに、食育フォーラム編集部でポスターたたき台を作成して、それを毎号先生方と検討して最終原稿にするという流れで作成しました。作っていく中で次第にストーリーの展開に1つの「型」や「パターン」のようなものができあがってきました。それは大体次のようになります。

①食品が「植物」あるいは「生きもの」であったときの様子を伝える。
②取り上げる食品をアップの写真とともにキャッチーなコピーをつけて紹介する。
③子どもレベルで関心をもつようなクイズを用意する。その際は、誰もが参加しやすい三択クイズをとることが多い。
④食品にまつわる歴史、文化、別品種や同類の食品、あるいは混同されやすい食品について紹介する。
⑤実際に給食献立になった姿を紹介する。
⑥栄養学的なワンポイント情報を伝える。

10 「3つの柱」に沿って

文部科学省『食に関する指導の手引-第二次改訂版-』では、食に関する指導の目標と

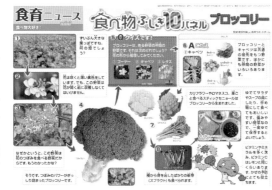

して、以下の3つの「食に関わる資質・能力」を育成することを目指すとしています。

・食事の重要性や栄養バランス、食文化等についての理解を図り、健康で健全な食生活に関する知識や技能を身に付けるようにする。(知識・技能)
・食生活や食の選択について、正しい知識・情報に基づき、自ら管理したり判断したりできる能力を養う。(思考力・判断力・表現力等)
・主体的に、自他の健康な食生活を実現しようとし、食や食文化、食料の生産等に関わる人々に対して感謝する心を育み、食事のマナーや食事を通した人間関係形成能力を養う。(学びに向かう力・人間性等)

この3つの「資質・能力」は、新しくなっ

た学習指導要領で「学びを通して何ができるようになるか」という観点から整理されて示されたもので、「3つの柱」といわれます。そしてどの教科等も、この「3つの柱」からそれぞれの目標が整理されていることも新学習指導要領の大きな特徴なのです。この『食べ物ふしぎ10パネル』も、この「3つの柱」を常に意識しながら構成しました。

10 給食になった姿を示す

その意味で、編集においてとりわけ重視したのが、実際の給食、それが難しい場合は料理になった姿を必ず示すことでした。学校の食育は、毎日の給食を「生きた教材」として指導を行います。これを欠いた食品の紹介は、ただの知識の伝達に終わってしまいがちです。とりわけ世間が、つい栄養士に期待しがちな栄養素や成分についての機能性情報は、子どもには理解の難しいものが多く、また食品をあたかも薬のように扱うことで、子どもたち

どの食品にも必ず入っている給食と料理のパネル

にゆがんだ健康情報として受け取られかねないリスクももちます。それよりは、まずは食べ物そのものに対しての素直な興味を高め、「おもしろそう、どんな味がするのかな」「食べてみたいな」と、健康的で健全な関心をもってもらえることをねらい、10枚のパネルを使って食べ物ごとのストーリーを考えました。

その意味でも、とくにパワーポイント資料の「実際の給食」のスライドについては、ぜひ当該学校やセンターのオリジナルのものを加えたり差し替えたりしていただけたらと思っています。さらに各学校の行事や教科等での取組などもスライド中に差し込み、または差し替えて、その学校や地域ならではオリジナルの「10パネル」を作り、子どもたちにより身近な教材となるよう工夫して使っていただけましたら幸いです。　　　（文責 吉田賢一）

『食べ物ふしぎ10パネル』上下巻掲載食品

	上巻	下巻
4月	キャベツ・ちりめんじゃこ	たけのこ・さやえんどう
5月	たまねぎ・グリンピース	そらまめ・アスパラガス
6月	きゅうり・じゃがいも	さやいんげん・ピーマン
7月	とうもろこし・かんぴょう・ゴーヤー	トマト・オクラ
8月	すいか・ごぼう	こんぶ・メロン
9月	なし・なす	れんこん・ぶどう
10月	かき・さつまいも	くり・ごま
11月	米・大根	にんじん・りんご
12月	ブロッコリー・みかん	かぼちゃ・はくさい
1月	こまつな・ねぎ	さといも・ほうれんそう
2月	大豆・かぶ	もやし・ひじき
3月	わかめ・キウイフルーツ	しいたけ・なのはな・いちご

写真提供 （順不同）

HP「季節の花 300」 (https://www.hana300.com/)
沖縄市立郷土博物館
岡山県西粟倉村立西粟倉小学校
株式会社 都平昆布海藻 （さいたま市）
丸勝かつおぶし株式会社 （東京都）
福島県南相馬市学校給食センター
農業生産法人 茨城白菜栽培組合
埼玉県上尾市広報広聴課
山田餅なるみ （名古屋市緑区）
サイキ食品株式会社(埼玉県)
Facebook:瀬戸内・松山しまめぐり『怒和島のひじき』 (https://www.facebook.com/tabemeguri/)
全国学校給食甲子園®事務局
澤谷養蜂園 （青森県上北郡横浜町）

和田敦志 先生 （横浜市）
横山玲子 先生 （静岡県）
平野直美 先生 （東京都）
猪瀬里美 先生 （埼玉県）
遠藤悠子 先生 （東京都）

参考文献

稲垣栄洋 （2007） 『野菜ふしぎ図鑑 食育なるほどサイエンス』, 健学社
稲垣栄洋 （2009） 『野菜ふしぎ図鑑 食育なるほどサイエンス 2』, 健学社
施山紀男 （2013） 『食生活の中の野菜』, 養賢堂

辻村卓 他 （1997） 「出回り期が長い食用植物のビタミンおよびミネラル含有量の通年成分変化［1］」, ビタミン, 71巻2号
稲垣栄洋 （2008） 「食べ物ふしぎ大発見！」, 『月刊 食育フォーラム』2008年4月号～2009年3月号, 健学社

デジタル大辞泉
大辞林 第三版

TPL48+2
下巻

4月

これは何の花でしょう。とてもめずらしい花で、見たことのある人はめったにいません。

©沖縄市立郷土博物館

春になると、地面から顔をのぞかせます。硬いアスファルトの下から出てくることもありますよ。

土の中にあるうちに掘り出すと、やわらかくておいしいです。もうわかったかな。

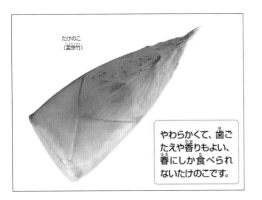

たけのこ
(孟宗竹)

やわらかくて、歯ごたえや香りもよい、春にしか食べられないたけのこです。

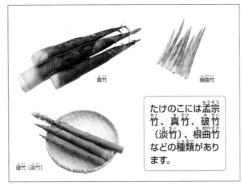

真竹

根曲竹

破竹(淡竹)

たけのこには孟宗竹、真竹、破竹(淡竹)、根曲竹などの種類があります。

Qクイズです!

たけのこは1日でどのくらい伸びるでしょうか?

① 5cm　② 30cm　③ 120cm

A こたえ

③120cm

たけのこは60ほどの節からできています。成長がとても早く、1日で120cmほど伸びることもあります。1旬(10日)で竹になるとされ、「筍」の漢字も生まれました。

竹の皮で包んだちまきと竹ざる

茶道具
(茶さじ・茶せん)

竹ようじ

竹は昔から日本人の生活や文化に欠かせないものでした。たけのこの外側の皮はご飯などを包むのにも使われています。

米ぬかととうがらしであくぬきをする

たけのこご飯、さわらあんかけ、かきたまけ、牛乳の給立

採って時間がたつと硬くなり、えぐみも出てきます。米ぬかと、とうがらしを入れて煮ると、えぐみのもとの「あく」が取れます。

食物繊維がたっぷり。おなかをきれいにして、お通じをよくします。ゆでたとき、周りにつく白い粉のようなものはアミノ酸の1種のチロシンで、食べられます。

MEMO

イネ科タケ亜科タケの若い芽を食べる。地中にあるうちに節がすべてそろい、根に近い方から順に成長するため伸びるスピードが早い。「筍(たけのこ)」の字は「旬(10日)」で竹になることから。孟宗竹は、江戸時代に薩摩藩(鹿児島県)経由で琉球王国(沖縄県)から伝えられたといわれる。真竹、破竹(淡竹)は日本原産か、かなり古い時期に日本に伝えられたもの。根曲竹は、竹ではなく笹の一種で山菜として人気がある。①の花の写真はホウライチクのもの。

編集·健康教育研究会　発行所·株式会社　健学社　〒102-0071 東京都千代田区富士見1-5-8 大新京ビル　電話 03(3222)0557 FAX 03(3262)2615

食育ニュース mini
食べ物大好き！

食べ物ふしぎ10パネル　たけのこ

監修:横浜市楽しい食育サポートチーム

①
©沖縄市立郷土博物館

これは何の花でしょう。とてもめずらしい花で、見たことのある人はめったにいません。

⑥ **Q** クイズです！

たけのこは1日でどのくらい伸びるでしょうか？
① 5cm　　② 30cm　　③ 120cm

⑦ **A** こたえ
③ 120cm

たけのこは60ほどの節からできています。成長がとても早く、1日で120cmほど伸びることもあります。1旬（10日）で竹になるとされ、「筍」の漢字も生まれました。

②

春になると、地面から顔をのぞかせます。硬いアスファルトの下から出てくることもありますよ。

⑤
真竹

根曲竹

破竹（淡竹）

⑧

竹の皮で包んだちまきと竹ざる

竹は昔から日本人の生活や文化に欠かせないものでした。たけのこの外側の皮はご飯などを包むのにも使われています。

③

④

たけのこ（孟宗竹）

たけのこには孟宗竹、真竹、破竹（淡竹）、根曲竹などの種類があります。

竹ようじ

茶道具（茶さじ・茶せん）

土の中にあるうちに掘り出すと、やわらかくておいしいです。もうわかったかな。

やわらかくて、歯ごたえや香りもよい、春にしか食べられないたけのこです。

⑨

米ぬかと とうがらしであくぬきをする。

採って時間がたつと硬くなり、えぐみも出てきます。米ぬかと、とうがらしを入れて煮ると、えぐみのもとの「あく」が取れます。

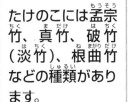
たけのこご飯、さわらあんかけ、かきたま汁、牛乳の献立

⑩

食物繊維がたっぷり。おなかをきれいにして、お通じをよくします。ゆでたとき、周りにつく白い粉のようなものはアミノ酸の1種のチロシンで、食べられます。

さやえんどう

4月

春、チョウのような形をした白い花や赤い花が咲いています。

花が散ると、そこに緑色のさやが育ってきます。
もうわかったかな。

やわらかいさやを食べる「さやえんどう」です。薄くて、こすり合わせるとキュッと絹ずれのような音がすることから「絹さや」ともよばれます。

すじとりの作業

食べるときはさやのすじをすうっと取り除きます。

さやと中の小さな豆を一緒に食べる「スナップえんどう」もあります。「スナップ」は英語で「ポキッ」と折れる音のことです。

スナップえんどう

グリンピース　えんどう(豆)　豆苗

中の豆が大きく育つと「グリンピース」、完熟すると「えんどう(豆)」になります。香りのよい若い芽を食べる「豆苗」もあります。

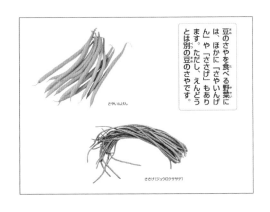

さやいんげん

ささげ(ジュウロクササゲ)

豆のさやを食べる野菜には、ほかに「さやいんげん」や「ささげ」もあります。ただし、えんどうとは別の豆のさやです。

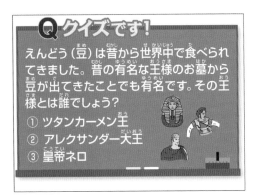

Q クイズです!

えんどう(豆)は昔から世界中で食べられてきました。昔の有名な王様のお墓から豆が出てきたことでも有名です。その王様とは誰でしょう?
① ツタンカーメン王
② アレクサンダー大王
③ 皇帝ネロ

A こたえ

① ツタンカーメン王

古代エジプトの王のお墓で見つかった豆は、見事にまた芽を出し、今によみがえりました。さやが紫色のえんどうでした。

写真提供:(株)「季節の花300」
写真提供:(株)「季節の花300」

あざやかな黄緑色が、料理に華やかさを添えてくれます。ビタミンと食物繊維がたっぷりのとても春らしい野菜です。

さやえんどうの卵とじ
さやえんどうとハムの炒めもの

MEMO

　マメ科の植物。「豌豆」と書き、「豌」は、丸くて美しいものを指す。「豌豆豆」は重語で嫌う人もいる。「さやえんどう」は未熟なさやを食用とする。「絹さや」とよぶのは、さやがこすれ合う音が衣ずれに似ているから。栽培品種レベルでは異なるが、グリンピース、スナップえんどう、豆苗もすべてえんどう。メンデルの「遺伝の法則」の発見にも寄与した。「ツタンカーメンのえんどう」は副葬品の中から発見され、3000年余りの時を経て発芽・栽培に成功したもの。

編集・健康教育研究会　発行所・株式会社　健学社　〒102-0071 東京都千代田区富士見1-5-8 大新京ビル　電話 03(3222)0557 FAX 03(3262)2615

食育ニュース mini
食べ物大好き!

食べ物ふしぎ10パネル さやえんどう

監修:横浜市楽しい食育サポートチーム

① 春、チョウのような形をした白い花や赤い花が咲いています。

② 花が散ると、そこに緑色のさやが育ってきます。もうわかったかな。

③ やわらかいさやを食べる「さやえんどう」です。薄くて、こすり合わせるとキュッと絹ずれのような音がすることから「絹さや」ともよばれます。

キュッ
キュッ
キュッ

④ 食べるときはさやのすじをすうっと取り除きます。

すじとりの作業

⑤ さやと中の小さな豆を一緒に食べる「スナップえんどう」もあります。「スナップ」は英語で「ポキッ」と折れる音のことです。

スナップえんどう

中の豆が大きく育つと「グリンピース」、完熟すると「えんどう(豆)」になります。香りのよい若い芽を食べる「豆苗」もあります。

⑥
グリンピース　　えんどう(豆)　　豆苗

⑦
さやいんげん
ささげ(ジュウロクササゲ)

豆のさやを食べる野菜には、ほかに「さやいんげん」や「ささげ」もあります。ただし、えんどうとは別の豆のさやです。

⑧ Q クイズです!

えんどう(豆)は昔から世界中で食べられてきました。昔の有名な王様のお墓から豆が出てきたことでも有名です。その王様とは誰でしょう?

① ツタンカーメン王
② アレクサンダー大王
③ 皇帝ネロ

のりしろ

⑨ A こたえ
① ツタンカーメン王

ツタンカーメンのえんどう
写真提供:HP「季節の花300」

古代エジプトの王のお墓で見つかった豆は、見事にまた芽を出し、今によみがえりました。さやが紫色のえんどうでした。

⑩
麦ご飯、肉と卵の二色そぼろ、さつき汁、牛乳の献立

さやえんどうの卵とじ　　さやえんどうとハムの炒めもの

あざやかな黄緑色が、料理に華やかさを添えてくれます。ビタミンと食物繊維がたっぷりのとても春らしい野菜です。

食べ物ふしぎ10パネル
そらまめ

5月

白い花びらに黒い目がついたような花が咲いています。

花が散ると、空に向かって勢いよく緑色のさやが伸びていきます。

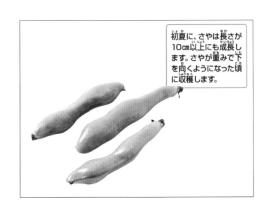
初夏に、さやは長さが10cm以上にも成長します。さやが重みで下を向くようになった頃に収穫します。

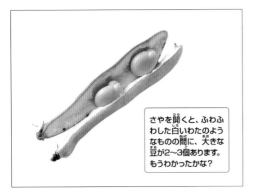
さやを開くと、ふわふわした白いわたのようなものの間に、大きな豆が2〜3個あります。もうわかったかな？

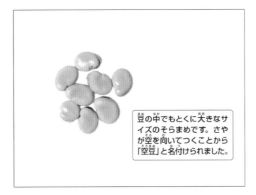
豆の中でもとくに大きなサイズのそらまめです。さやが空を向いてつくことから「空豆」と名付けられました。

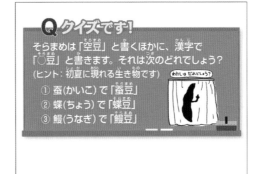
Qクイズです！
そらまめは「空豆」と書くほかに、漢字で「○豆」と書きます。それは次のどれでしょう？
（ヒント：初夏に現れる生き物です）
① 蚕（かいこ）で「蚕豆」
② 蝶（ちょう）で「蝶豆」
③ 鰻（うなぎ）で「鰻豆」
わたしはだれでしょう？

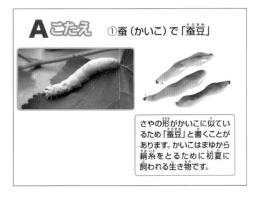
Aこたえ　①蚕（かいこ）で「蚕豆」
さやの形がかいこに似ているため「蚕豆」と書くことがあります。かいこはまゆから絹糸をとるために初夏に飼われる生き物です。

写真提供：東京都栄養職員 宇野路美先生
ご飯、鶏トマトとごぼうのごまスティック、のりいっぱいサラダ、鶏と小松菜のみそ汁、そらまめ、いちご、牛乳の郷土
そらまめとえびの炒め物　　そらまめのポタージュ
塩ゆでだけでなく、さやごと焼いて中の豆を食べたり、炒め物、スープなどに広く使われます。

いかり豆
しょうゆ豆
トウバンジャン豆板醤
マーボー豆腐
「いかり豆」は、そらまめを揚げて塩をふったお菓子です。「しょうゆ豆」はいってから甘辛く煮た香川県の郷土料理です。「豆板醤」は発酵させて作る調味料で、マーボー豆腐などに使われます。

そらまめはビタミンB群が多く、体の調子をよくしてくれます。また体をつくるたんぱく質、エネルギーになるでんぷんも含んでいます。

MEMO

マメ科の植物。古くから世界中で栽培され、古代エジプトやギリシャ、ローマ帝国でも食された。日本には奈良時代に伝来。名の由来は、さやが空に向かってつくため。カイコを飼う初夏に食べ、形も似ているので「蚕豆」の字を当てることもある。未熟な豆を食す場合は野菜類に分類される。たんぱく質、炭水化物が多く、未熟な豆には葉酸などビタミンB群も多く含まれる。完熟させた乾燥豆を使うものに「いかり豆」や香川県の郷土料理「しょうゆ豆」がある。

編集・健康教育研究会 発行所・株式会社 健学社 〒102-0071 東京都千代田区富士見1-5-8 大新京ビル 電話 03(3222)0557 FAX 03(3262)2615

食育ニュース mini
食べ物大好き！

食べ物ふしぎ10パネル

そらまめ

監修：横浜市楽しい食育サポートチーム

① 白い花びらに黒い目がついたような花が咲いています。

② 花が散ると、空に向かって勢いよく緑色のさやが伸びていきます。

③ 初夏に、さやは長さが10cm以上にも成長します。さやが重みで下を向くようになった頃に収穫します。

④ さやを開くと、ふわふわした白いわたのようなものの間に、大きな豆が2〜3個あります。もうわかったかな？

⑤ 豆の中でもとくに大きなサイズのそらまめです。さやが空を向いてつくことから「空豆」と名付けられました。

⑥ **Q クイズです！**

そらまめは「空豆」と書くほかに、漢字で「○豆」と書きます。それは次のどれでしょう？
（ヒント：初夏に現れる生き物です）

わたしは だれでしょう？

① 蚕（かいこ）で「蚕豆」
② 蝶（ちょう）で「蝶豆」
③ 鰻（うなぎ）で「鰻豆」

塩ゆでだけでなく、さやごと焼いて中の豆を食べたり、煮物や炒め物、スープなどに広く使われます。

⑦ **A こたえ**
① 蚕（かいこ）で「蚕豆」

さやの形がかいこに似ているため「蚕豆」と書くことがあります。かいこはまゆから絹糸をとるために初夏に飼われる生き物です。

⑧

写真提供：東京都元学校栄養職員・平野直美先生

ご飯、春トビウオとごぼうのごまスティック、のりいっぱいサラダ、絹さやのみそ汁、そらまめ、いちご、牛乳の献立

そらまめとえびの炒め物

そらまめのポタージュ

「いかり豆」は、そらまめを揚げて塩をふったお菓子です。「しょうゆ豆」はいってから甘辛く煮た香川県の郷土料理です。「豆板醤」は発酵させて作る調味料で、マーボー豆腐などに使われます。

⑨
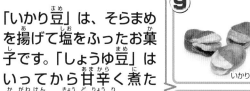
いかり豆
しょうゆ豆
豆板醤
マーボー豆腐

そらまめはビタミンB群が多く、体の調子をよくしてくれます。また体をつくるたんぱく質、エネルギーになるでんぷんも含んでいます。

⑩

写真提供:岡山県西粟倉村立西栗倉小学校

まるで緑の林のような畑ですね。

初夏に小さなゆりのような花が咲いた後、真っ赤な実がなります。でも冬になると上の草は、すべて枯れてしまいました。

次の年の春です。土の中から何か出てきましたよ。もう少し伸びたら食べます。もうわかったかな?

5月

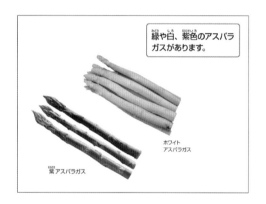

グリーンアスパラガス

これが退化した葉

ぐんぐん育つ茎のパワーがすごいアスパラガスです。わきについたはかまのようなものは退化した葉です。

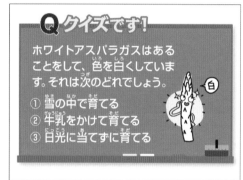

緑や白、紫色のアスパラガスがあります。

ホワイトアスパラガス

紫アスパラガス

Q クイズです!

ホワイトアスパラガスはあることをして、色を白くしています。それは次のどれでしょう。

① 雪の中で育てる
② 牛乳をかけて育てる
③ 日光に当てずに育てる

白

A こたえ

③ 日光に当てずに育てる

土を盛ったり、ハウス全体を遮光フィルムで覆って、日光が当たらないようにして育てます。

tuinderijsacreind: Riek-Jan Pittens / from Flickr, CC BY 2.0

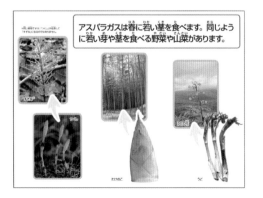

アスパラガスは春に若い茎を食べます。同じように若い芽や茎を食べる野菜や山菜があります。

ほのかに甘くおいしい春から初夏が旬の野菜です。体の調子を整えるビタミンや食物繊維がたっぷりです。

黒パン、マカロニのクリーム煮、アスパラガスのソテー、さくらんぼ、牛乳の献立

アスパラガスに含まれるアスパラギン酸はうま味成分の1つで、体の疲れをとってくれるはたらきもあります。

MEMO

キジカクシ科(旧・ユリ科)の多年草。原産地は地中海東部説が有力。葉のように見えるものは細かく分かれた茎(擬葉)で、葉にあたる部分は退化して鱗片状につき、光合成をしない。雄株と雌株があり、雌株に実がつく。収穫できる株に育てるには、通常2〜3年かかる。ホワイトアスパラガスは土寄せや光フィルムで覆うことで軟白栽培する。アミノ酸の一種で疲労回復効果があるとされる「アスパラギン酸」は、アスパラガスから発見された。

編集・健康教育研究会 発行所・株式会社 健学社 〒102-0071 東京都千代田区富士見1-5-8 大新京ビル 電話 03(3222)0557 FAX 03(3262)2615

食育ニュース mini

食べ物大好き！

食べ物ふしぎ10パネル アスパラガス

監修：横浜市楽しい食育サポートチーム

①

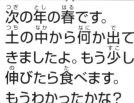

写真提供：岡山県西粟倉村立西粟倉小学校

まるで緑の林のような畑ですね。

②

初夏に小さなゆりのような花が咲いた後、真っ赤な実がなります。でも冬になると上の草は、すべて枯れてしまいました。

③

次の年の春です。土の中から何か出てきましたよ。もう少し伸びたら食べます。もうわかったかな？

④

これが退化した葉

グリーンアスパラガス

ぐんぐん育つ茎のパワーがすごいアスパラガスです。わきについた、はかまのようなものは退化した葉です。

⑤

紫アスパラガス

ホワイトアスパラガス

緑や白、紫色のアスパラガスがあります。

⑥ Q クイズです！

ホワイトアスパラガスはあることをして、色を白くしています。それは次のどれでしょう。

① 雪の中で育てる
② 牛乳をかけて育てる
③ 日光に当てずに育てる

白

⑦ A こたえ

③日光に当てずに育てる

tuinderijtuureind: Riek-Jan Pittens : from Flickr. CC BY 2.0

土を盛ったり、ハウス全体を遮光フィルムで覆って、日光が当たらないようにして育てます。

アスパラガスは春に若い茎を食べます。同じように若い芽や茎を食べる野菜や山菜があります。

⑧

すぎな

たけ

うどの花

つくし

たけのこ

うど

※同じ植物ですが、「つくし」が成長して「すぎな」になるのではありません。

ほのかに甘くおいしい春から初夏が旬の野菜です。体の調子を整えるビタミンや食物繊維がたっぷりです。

⑨

黒パン、マカロニのクリーム煮、アスパラガスのソテー、さくらんぼ、牛乳の献立

アスパラガスに含まれるアスパラギン酸はうま味成分の1つで、体の疲れをとってくれるはたらきもあります。

⑩

つかれ

食べ物ふしぎ10パネル
ピーマン

この花は何の花でしょう？星のような形をした白い花です。

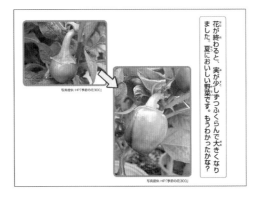

写真提供：HP「季節の花300」

花が終わると、実が少しずつふくらんで大きくなりました。夏においしい野菜です。もうわかったかな？

写真提供：HP「季節の花300」

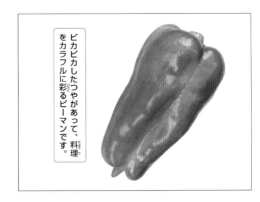

ピカピカしたつやがあって、料理をカラフルに彩るピーマンです。

6月

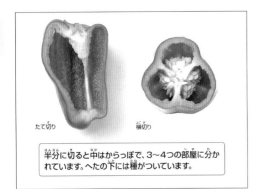

たて切り　　横切り

半分に切ると中はからっぽで、3～4つの部屋に分かれています。へたの下には種がついています。

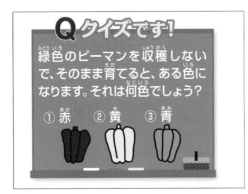

Q クイズです！

緑色のピーマンを収穫しないで、そのまま育てると、ある色になります。それは何色でしょう？

① 赤　　② 黄　　③ 青

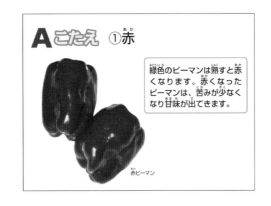

A こたえ　①赤

緑色のピーマンは熟すと赤くなります。赤くなったピーマンは、苦みが少なくなり甘味が出てきます。

赤ピーマン

ピーマンは、とうがらしの仲間ですが、辛みがないように変身させた野菜です。

とうがらし
（鷹の爪）

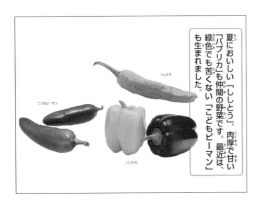

こどもピーマン

パプリカ

ししとう

夏においしい「ししとう」、肉厚で甘い「パプリカ」も仲間の野菜です。最近は、緑色でも苦くない「こどもピーマン」も生まれました。

ご飯、チンジャオロース～、酢～ラータンスープ、牛乳の献立

きれいな緑色で和洋中、どんな料理にも引っ張りだこの人気野菜です。肉詰めやチンジャオロースーが有名です。

ピーマンにはビタミンCがたっぷりです。暑い夏でも体を元気にしてくれます。食べてみんなで「ハッピーマン」になりましょう。

MEMO

ナス科の一年草。とうがらしの栽培品種で辛みのないものを指し、日本でも地方によってはトウガラシ類をまとめて「なんばん」とよぶところもある。ピーマンの緑色は未成熟のためで、熟すと赤色に変わる。「パプリカ」もトウガラシの栽培品種で、ピーマンより肉厚で同じく辛み成分がない。「酢～ラータン風スープ」は横浜市が地場野菜を使った給食献立を児童らに公募した「はま菜ちゃん料理コンクール」作品から生まれた献立。

編集・健康教育研究会　発行所・株式会社 健学社　〒102-0071 東京都千代田区富士見1-5-8 大新京ビル　電話 03(3222)0557　FAX 03(3262)2615

食育ニュース mini
食べ物大好き！

食べ物ふしぎ10パネル

ピーマン

監修：横浜市楽しい食育サポートチーム

① この花は何の花でしょう？星のような形をした白い花です。

② 写真提供：HP「季節の花300」

花が終わると、実が少しずつふくらんで大きくなりました。夏においしい野菜です。もうわかったかな？

③ ピカピカしたつやがあって、料理をカラフルに彩るピーマンです。
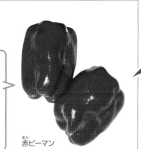

④ 半分に切ると中はからっぽで、3～4つの部屋に分かれています。へたの下には種がついています。

たて切り　横切り

⑤ Q クイズです！
緑色のピーマンを収穫しないで、そのまま育てると、ある色になります。それは何色でしょう？
① 赤　② 黄　③ 青

⑥ A こたえ ① 赤
緑色のピーマンは熟すと赤くなります。赤くなったピーマンは、苦みが少なくなり甘味が出てきます。
赤ピーマン

⑦ ピーマンは、とうがらしの仲間ですが、辛みがないように変身させた野菜です。
とうがらし（鷹の爪）

ししとう

夏においしい「ししとう」、肉厚で甘い「パプリカ」も仲間の野菜です。最近は、緑色でも苦くない「こどもピーマン」も生まれました。

⑧ こどもピーマン　パプリカ

⑨ ご飯、チンジャオロースー、酢〜ラータン"スープ、牛乳の献立

きれいな緑色で和洋中、どんな料理にも引っ張りだこの人気野菜です。肉詰めやチンジャオロースーが有名です。

ピーマンにはビタミンCがたっぷりです。暑い夏でも体を元気にしてくれます。食べてみんなで「ハッピーマン」になりましょう。

⑩

さやいんげん

小さなかわいい花が咲いています。

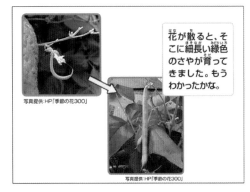
花が散ると、そこに細長い緑色のさやが育ってきました。もうわかったかな。

写真提供：HP「季節の花300」

若いうちにさやごと食べるさやいんげんです。

6月

似ているけれど別の豆

さやえんどう

ささげ（ジュウロクササゲ）

名前が似ている「さやえんどう」、姿が似ている「ささげ」は別の豆のさやです。

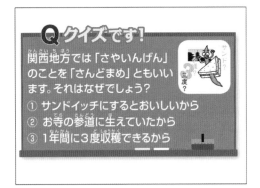
Qクイズです！
関西地方では「さやいんげん」のことを「さんどまめ」ともいいます。それはなぜでしょう？
① サンドイッチにするとおいしいから
② お寺の参道に生えていたから
③ 1年間に3度収穫できるから

Aこたえ
③1年間に3度収穫できるから

収穫までの期間が短く、1年に3回も収穫できることからこうよばれています。おもに夏が旬の野菜です。

さやが枯れて中の豆が硬くなると「いんげん豆」ができます。「いんげん（隠元）」は、この豆を中国から伝えた偉いお坊さんの名前です。

白いんげん豆のなかま

隠元禅師(1592～1673)

白いんげん豆（大福豆）

赤いんげん豆（金時豆）

とら豆

いんげん豆にはたくさんの種類があります。英語では「ビーン（bean）」です。『ジャックと豆の木』の豆も、もしかすると仲間の豆だったかもしれませんね。

「ジャックと豆の木」Jack and the Beanstalk

さやいんげんは料理がよりおいしく見えるように彩りをそえてくれます。ごまあえにしてもおいしいです。

はいが入り飯、肉じゃが、からしじょうゆあえ、ふりかけ、牛乳の献立

いんげんのごまあえ

元気！

おなかの調子を整える食物繊維や、夏の疲れをとり成長にも欠かせないビタミンB群を多く含んでいます。

MEMO

マメ科の植物。原産地は中南米とされる。17世紀の中頃、中国から隠元禅師によってもたらされ、「いんげん豆」とよばれるようになったといわれる。英語では"kidney bean"とも表記されるが、単に"bean"と書いても、このいんげん豆を指す場合が多い。いんげん豆の未熟のさやを利用するのが「さやいんげん」。「ささげ」はアフリカ原産の別の豆だが、地域によっては「若いささげのさや」と「さやいんげん」を区別せず、まとめて「ささげ」とよぶところもある。

編集・健康教育研究会　発行所・株式会社 健学社　〒102-0071 東京都千代田区富士見1-5-8 大新京ビル　電話 03(3222)0557 FAX 03(3262)2615

食育ニュース mini
食べ物大好き！
食べ物ふしぎ10パネル　さやいんげん

監修：横浜市楽しい食育サポートチーム

①

小さなかわいい花が咲いています。

のりしろ

⑥ A こたえ　**③ 1年間に3度収穫できるから**

収穫までの期間が短く、1年に3回も収穫できることからこうよばれています。おもに夏が旬の野菜です。

さやが枯れて中の豆が硬くなると「いんげん豆」ができます。「いんげん(隠元)」は、この豆を中国から伝えた偉いお坊さんの名前です。

⑦

白いんげん豆のなかま

Coco de Paimpo / Marc Kjerland / from Flickr, CC BY 2.0

隠元禅師(1592～1673)

いんげん豆にはたくさんの種類があります。英語では「ビーン (bean)」です。『ジャックと豆の木』の豆も、もしかすると仲間の豆だったかもしれませんね。

⑧

白いんげん豆(大福豆)

とら豆

赤いんげん豆(金時豆)

『ジャックと豆の木』
Jack and the Beanstalk

②

写真提供：HP「季節の花300」

花が散ると、そこに細長い緑色のさやが育ってきました。もうわかったかな。

写真提供：HP「季節の花300」

③

若いうちにさやごと食べるさやいんげんです。

⑤ Q クイズです！

関西地方では「さやいんげん」のことを「さんどまめ」ともいいます。それはなぜでしょう？

① サンドイッチにするとおいしいから
② お寺の参道に生えていたから
③ 1年間に3度収穫できるから

⑨

はいがご飯、肉じゃが、からしじょうゆあえ、ふりかけ、牛乳の献立

④ 似ているけれど別の豆

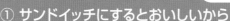
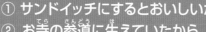

さやえんどう

ささげ(ジュウロクササゲ)

名前が似ている「さやえんどう」、姿が似ている「ささげ」は別の豆のさやです。

いんげんのごまあえ

さやいんげんは料理がよりおいしく見えるように彩りをそえてくれます。ごまあえにしてもおいしいです。

⑩

元気！

おなかの調子を整える食物繊維や、夏の疲れをとり成長にも欠かせないビタミンB群を多く含んでいます。

食べ物ふしぎ10パネル
トマト

この花は何の花でしょう?

夏野菜の1つです。緑色の実はだんだん赤く色づきます。

桃太郎

真っ赤に燃える夏の太陽のようなトマトです。

7月

Q クイズです!
トマトはある野菜の仲間です。それは下のどれでしょう。花の形がヒントです。
① かぼちゃ　② なす　③ キャベツ

A こたえ　②なす

トマトは、なすの仲間の野菜です。昔は「赤なす」ともよばれていました。

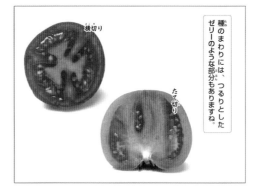

横切り

たて切り

種のまわりには、つるりとしたゼリーのような部分もありますね。

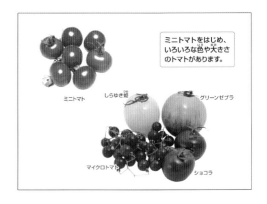

ミニトマトをはじめ、いろいろな色や大きさのトマトがあります。

ミニトマト　しらゆき姫　グリーンゼブラ
マイクロトマト　ショコラ

生のトマトはまるごとがぶりと食べたり、サラダにしてもよし、スープの実にしてもおいしいですよ。

ぶどうパン、いかリング、じゃがいものソテー、鶏とトマトのスープ、牛乳の献立
スライストマト

トマトはジュースやピューレ、ケチャップなどに加工されます。ミートソースやピザ、カレーのかくし味などにもよく使われます。

トマトジュース　トマトケチャップ
ミネストローネ
ロールパン、ハンバーグデミソース、オイルキャベツ、ミネストローネ、牛乳の献立
スパゲティナポリタン

トマトには体の調子を整える栄養がたっぷりです。ヨーロッパには「トマトが赤くなると医者が青くなる」ということわざもあるほどです。

MEMO

ナス科の植物。原産地は南アメリカのアンデス山脈地帯とされ、大航海時代にヨーロッパに持ち込まれたと考えられている。日本には江戸時代に伝えられたが、当時はおもに観賞用で、明治に入り食用として利用されるようになったが、多くの人に食べられるようになったのは昭和に入ってから。日本ではサラダなど生食用に用いられるが、世界では豊富に含まれるグルタミン酸等のうま味成分を生かし、肉や魚の煮込みや炒め物などの料理用に用いられることが多い。

編集・健康教育研究会　発行所・株式会社 健学社　〒102-0071 東京都千代田区富士見1-5-8 大新京ビル　電話 03(3222)0557　FAX 03(3262)2615

食育ニュース mini
食べ物大好き！

食べ物ふしぎ10パネル

トマト

監修 横浜市楽しい食育サポートチーム

① この花は何の花でしょう？

② 夏野菜の1つです。緑色の実はだんだん赤く色づきます。

③

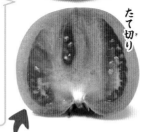

桃太郎

真っ赤に燃える夏の太陽のようなトマトです。

種のまわりには、つるりとしたゼリーのような部分もありますね。

⑥ 横切り／たて切り

⑦

しらゆき姫　グリーンゼブラ

ミニトマト　マイクロトマト　ショコラ

ミニトマトをはじめ、いろいろな色や大きさのトマトがあります。

生のトマトはまるごとがぶりと食べたり、サラダにしてもよし、スープの実にしてもおいしいですよ。

あーん

⑤ **A** こたえ ②なす

トマトは、なすの仲間の野菜です。昔は「赤なす」ともよばれていました。

④ **Q** クイズです！

トマトはある野菜の仲間です。それは下のどれでしょう。花の形がヒントです。

① かぼちゃ　② なす　③ キャベツ

のりしろ

⑧

ぶどうパン、いかリング、じゃがいものソテー、卵とトマトのスープ、牛乳の献立

スライストマト

トマトはジュースやピュレー、ケチャップなどに加工されます。ミートソースやピザ、カレーのかくし味などにもよく使われます。

⑨

トマトジュース　トマトケチャップ　ミネストローネ

ロールパン、ハンバーグトマトソース、ボイルドキャベツ、パスタスープ、牛乳の献立

スパゲッティナポリタン

⑩

トマトには体の調子を整える栄養がたっぷりです。ヨーロッパには「トマトが赤くなると医者が青くなる」ということわざもあるほどです。

パネル1

クリーム色のきれいな花が咲いています。でも花は1日でしぼんでしまいます。

パネル2

花が終わると、実が空に向かって育ちます。大きくなりすぎると硬くなってしまうので、10cmくらいになったところで収穫します。もうわかったかな？

パネル3

表面には少し硬いうぶ毛があります。切るとネバネバするオクラです。

パネル4

Q クイズです！

オクラを横に切ると、切り口はどんな形になるでしょう？

① 四角形　② 五角形　③ 六角形

パネル5

A こたえ

② 五角形

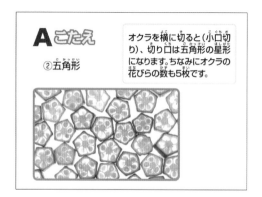

オクラを横に切ると（小口切り）、切り口は五角形の星形になります。ちなみにオクラの花びらの数も5枚です。

パネル6

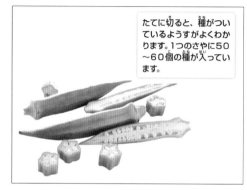

たてに切ると、種がついているようすがよくわかります。1つのさやに50〜60個の種が入っています。

パネル7

オクラのネバネバの正体は食物繊維です。ゆでてあえものにしたり、刻んで納豆に加えてもおいしいです。

パネル8

アメリカの郷土料理「ガンボスープ」。「ガンボ」はオクラの別名。スープに彩り気を出すためにオクラを使う。

インド料理「ビンディ・マサラ」。「ビンディ」は「オクラのさや」という意味。

アフリカ原産で、「オクラ」の名もアフリカの言葉からです。世界中で食べられています。

パネル9

夏ご飯。さんまのかば焼き、オクラのキラキラみそ汁、ごまあえ、牛乳の給立

料理に夏らしい彩りを添えてくれます。給食では、かわいい星形の切り口を生かしてそうめんや、みそ汁の実によく使っています。

パネル10

色の濃い野菜でビタミンがたっぷり。はだをきれいにしてくれます。ネバネバのもとの食物繊維は、おなかの調子をよくしてくれます。

MEMO

アオイ科の植物。原産地はアフリカ北東部とされる。原産地や熱帯では何年もくり返し実をつけるが、日本では冬越しできない。「オクラ」の名はアフリカの現地の言葉をもとにした英語から。野菜として広く流通にのるようになったのは昭和50年代からといわれる。世界各地で食べられ、とくに米ルイジアナ州の伝統料理「ガンボスープ」が有名。「ガンボ」もアフリカでのオクラの別名で、西アフリカから奴隷として新大陸に渡った人たちがこの野菜をアメリカに伝えた。

7月

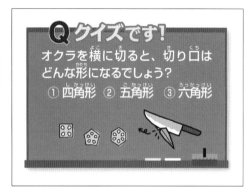

編集・健康教育研究会　発行所・株式会社 健学社　〒102-0071 東京都千代田区富士見1-5-8 大新京ビル　電話 03(3222)0557　FAX 03(3262)2615

食育ニュース mini
食べ物大好き！

食べ物ふしぎ10パネル

オクラ

監修:横浜市楽しい食育サポートチーム

①

クリーム色のきれいな花が咲いています。でも花は1日でしぼんでしまいます。

②

③

花が終わると、実が空に向かって育ちます。大きくなりすぎると硬くなってしまうので、10cmくらいになったところで収穫します。もうわかったかな？

表面には少し硬いうぶ毛があります。切るとネバネバするオクラです。

⑤ **A こたえ ② 五角形**

のりしろ

オクラを横に切ると（小口切り）、切り口は五角形の星形になります。ちなみにオクラの花びらの数も5枚です。

④ **Q クイズです！**
オクラを横に切ると、切り口はどんな形になるでしょう？
① 四角形　② 五角形　③ 六角形

⑥

たてに切ると、種がついているようすがよくわかります。1つのさやに50〜60個の種が入っています。

⑦

オクラのネバネバの正体は食物繊維です。ゆでてあえものにしたり、刻んで納豆に加えてもおいしいです。

アフリカ原産で、「オクラ」の名もアフリカの言葉からです。世界中で食べられています。

⑧

アメリカの郷土料理「ガンボスープ」。「ガンボ」はオクラの別名。スープに粘り気を出すためにオクラを使う。

Bhinda (Gujarati) style okra curry1 at Prashad, Bradford thefoodplace.co.uk - from Flickr, CC BY 2.0
インド料理「ビンディ・マサラ」。「ビンディ」は「オクラのさや」という意味。

料理に夏らしい彩りを添えてくれます。給食では、かわいい星形の切り口を生かしてそうめんや、みそ汁の実によく使っています。

⑨

麦ご飯、さんまのかば焼き、オクラのキラキラみそ汁、ごま酢あえ、牛乳の献立

色の濃い野菜でビタミンがたっぷり。はだをきれいにしてくれます。ネバネバのもとの食物繊維は、おなかの調子をよくしてくれます。

⑩

食べ物ふしぎ10パネル
メロン

黄色い花が咲いています。
何かの花に似ていませんか？

多くはビニールハウス
の畑で育てられます。

あみ目の模様が似ているので、
このパンも「○○○パン」とい
いますね。もうわかったかな？

8月

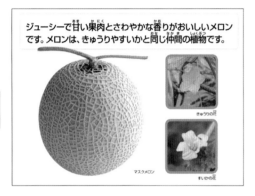

ジューシーで甘い果肉とさわやかな香りがおいしいメロン
です。メロンは、きゅうりやすいかと同じ仲間の植物です。

きゅうりの花

マスクメロン

すいかの花

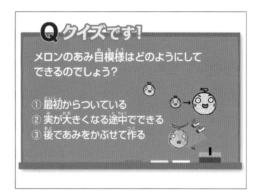

Q クイズです！

メロンのあみ目模様はどのようにして
できるのでしょう？

① 最初からついている
② 実が大きくなる途中でできる
③ 後であみをかぶせて作る

A こたえ

② 実が大きくなる途中でできる

めばなの根もとについたメロン
の赤ちゃん。うぶ毛で覆われてい
る、まだあみ目はない。

実が大きくなると
皮にひびが入りま
す。それをふさぐ
ようにして、かさ
ぶたのような硬い
あみ目がつきま
す。実が小さいと
きにはありません。

メロンにはあみ
目のないものも
あります。

おいしくするために1つの苗
に1つの実だけを残して大
切に育てます。つるを"T"の
形に切るのは、もともとその
証拠にするためでした。

ココアブレッド、とりわさ、マトジチュー、
キャベツサラダ、干玉、アンデスメロン（緑色）の献立

Honeydew melon quarters - Richard North
from Flickr, CC BY 2.0

白肉のハネデューメロン

赤肉の夕張メロン

緑、赤、白の
3色の果肉の色
があります。

メロンはおいし
いだけでなく、
余分な塩分を
体の外に出して
くれるはたらき
もあります。

MEMO

ウリ科の植物。原産は北アフリカ、または
中近東とされる。そこから西方に伝えられ
たものが現在の洋種メロンに、東方に伝え
られたものが瓜（マクワウリ）となった。
洋種メロンが日本に伝えられたのは明治に
入ってから。網目が特徴のマスクメロンは
「麝香（じゃこう）」の意の「ムスク」から
とられた通称で、品種名は「アールスメロ
ン」。へたの部分は「アンテナ」ともよばれ、
T字形であるのは、1株で1つの実だけを
育てた証拠としたためといわれる。1株で
複数の実を育てる栽培法もある。

編集・健康教育研究会　発行所・株式会社 健学社　〒102-0071 東京都千代田区富士見1-5-8 大新京ビル　電話 03(3222)0557　FAX 03(3262)2615

食育ニュース mini
食べ物大好き！

食べ物ふしぎ10パネル

メロン

監修・横浜市楽しい食育サポートチーム

① 黄色い花が咲いていますが、何かの花に似ていませんか？

② 多くはビニールハウスの畑で育てられます。

③ あみ目の模様が似ているので、このパンも「○○○パン」といいますね。もうわかったかな？

④

マスクメロン

ジューシーで甘い果肉とさわやかな香りがおいしいメロンです。メロンは、きゅうりやすいかと同じ仲間の植物です。

きゅうりの花

すいかの花

⑤ **Q** クイズです！

メロンのあみ目模様はどのようにしてできるのでしょう？

① 最初からついている
② 実が大きくなる途中でできる
③ 後であみをかぶせて作る

⑥ **A** こたえ
② 実が大きくなる途中でできる

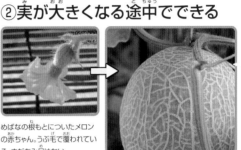

めばなの根もとについたメロンの赤ちゃん。うぶ毛で覆われている。まだあみ目はない。

実が大きくなると皮にひびが入ります。それをふさぐようにして、かさぶたのような硬いあみ目がつきます。実が小さいときにはありません。

⑦ メロンにはあみ目のないものもあります。

⑧ おいしくするために1つの苗に1つの実だけを残して大切に育てます。つるを"T"の形に切るのは、もともとその証拠にするためでした。

白色のハネデューメロン
Honeydew melon quarters / Richard North from Flickr. CC BY 2.0

⑨ 緑、赤、白の3色の果肉の色があります。

ココアブレッド、とり肉のトマトシチュー、キャベツサラダ、牛乳、アンデスメロン(緑色)の献立

赤色の夕張メロン

⑩

メロンはおいしいだけでなく、余分な塩分を体の外に出してくれるはたらきもあります。

食べ物ふしぎ10パネル
こんぶ

海の中で日光を浴びて育ちます。

写真提供 株式会社 新平島水産

小さな船の上から、先にフックのついた長い棒で、巻き取って収穫します。その後、小石を敷き詰めた干し場で干します。もうわかったかな？

海の底から引き上げるとても大変な作業。

浜辺の干し場

はい、こんぶです。料理するときは水でもどして使います。

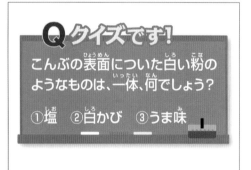

Q クイズです!

こんぶの表面についた白い粉のようなものは、一体、何でしょう？

①塩　②白かび　③うま味

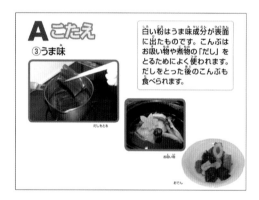

A こたえ

③うま味

白い粉はうま味成分が表面に出たものです。こんぶはお吸い物や煮物の「だし」をとるためによく使われます。だしをとった後のこんぶも食べられます。

だしをとる

お吸い物

おでん

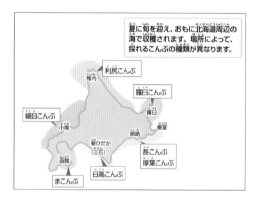

夏に旬を迎え、おもに北海道周辺の海で収穫されます。場所によって、採れるこんぶの種類が異なります。

利尻こんぶ
稚内
羅臼こんぶ
細目こんぶ
小樽
礼文
根室
釧路
新ひだか（三石）
長こんぶ
厚葉こんぶ
函館
まこんぶ
日高こんぶ

こんぶおむすび（富山）

江戸時代に船の航路が整備されると、遠く沖縄までこんぶが運ばれ、全国各地で食べられるようになりました。

清（中国）へ
清（中国）へ
琉球王国（沖縄）

クーブイリーチー（沖縄県）
第9回全国学校給食甲子園 入賞
沖縄県代表 竹富町立波照間小中学校

とろろこんぶ、塩こんぶ、佃煮などにも加工されます。

とろろこんぶ

塩こんぶ

ほいくご飯、こんぶの佃煮
変わりきんぴら、汁 汁、牛乳の献立

丸ごと食べると、カルシウムやヨウ素などの無機質がたっぷりとれます。ビタミンB₂、食物繊維も多く含んでいます。

こんぶ巻き

「よろこぶ」とかけて、おせち料理などおめでたい席の料理にもよく使われます。

MEMO

コンブ目コンブ科に属する数種類の海藻の総称。寒流海域に育ち、北海道沿岸を中心に三陸海岸などでも採れる。天日干しすることで細胞壁が壊れ、水に浸してだしがとれるようになる。古くから交易品として珍重されたが、江戸時代に西回り航路が整備され、船で直接大阪まで運べるようになってから普及に拍車がかかる。一説に東日本よりは西日本、太平洋側より日本海側でこんぶがよく用いられるのはそのためとも。当時、琉球王国であった沖縄にも運ばれ、琉球料理に欠かせない食材になっている。

編集・健康教育研究会　発行所・株式会社　健学社　〒102-0071 東京都千代田区富士見1-5-8 大新京ビル　電話 03(3222)0557　FAX 03(3262)2615

食育ニュース mini
食べ物大好き！

食べ物ふしぎ10パネル

こんぶ

監修：横浜市楽しい食育サポートチーム

海の中で日光を浴びて育ちます。

写真提供：株式会社 都平昆布海藻

② 小さな船の上から、先にフックのついた長い棒で、巻き取って収穫します。その後、小石を敷き詰めた干し場で干します。もうわかったかな？

海の底から引き上げるとても大変な作業。

浜辺の干し場

③

④ Ｑ クイズです！
こんぶの表面についた白い粉のようなものは、一体、何でしょう？
①塩　②白かび　③うま味

⑤ Ａ こたえ ③うま味

だしをとる

お吸い物

おでん

白い粉はうま味成分が表面に出たものです。こんぶはお吸い物や煮物の「だし」をとるためによく使われます。だしをとった後のこんぶも食べられます。

のりしろ

夏に旬を迎え、おもに北海道周辺の海で収穫されます。場所によって、採れるこんぶの種類が異なります。

⑥
利尻こんぶ
羅臼こんぶ
稚内
小樽
羅臼
根室
釧路
細目こんぶ
新ひだか（三石）
函館
長こんぶ
厚葉こんぶ
まこんぶ
日高こんぶ

こんぶおむすび（富山県）

⑦
江戸時代に船の航路が整備されると、遠く沖縄にまで運ばれ、全国各地で食べられるようになりました。

クーブイリーチー（沖縄県）
第9回全国学校給食甲子園 入賞
沖縄県代表 竹富町立波照間小中学校

とろろこんぶ、塩こんぶ、佃煮などにも加工されます。

⑧
とろろこんぶ
塩こんぶ
はいがご飯、こんぶの佃煮
変わりきんぴら、呉汁、牛乳の献立

⑨ 「よろこぶ」とかけて、おせち料理などおめでたい席の料理にもよく使われます。

こんぶ巻き

はい、こんぶです。料理するときは水でもどして使います。

⑩ 丸ごと食べると、カルシウムやヨウ素などの無機質がたっぷりとれます。ビタミンB2、食物繊維も多く含んでいます。

ピカピカ
すっきり

参考：日本昆布協会HP「こんぶネット」

食べ物ふしぎ10パネル
ぶどう

つるが空に向かって、どんどん伸びていきます。葉はギザギザしています。

小さな花が咲いて、房になった青い実がどんどん大きくなっていきます。もうわかったかな？

つぼみ

花

若い実

夏から秋にかけておいしくなるぶどうです。

巨峰

Qクイズです！

ぶどうは房のどの部分が1番甘いでしょう？

① 上
② 真ん中
③ 下

9月

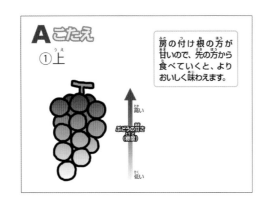

Aこたえ

①上

房の付け根の方が甘いので、先の方から食べていくと、よりおいしく味わえます。

高い

ぶどうの甘さ（糖度）

低い

ぶどうには皮の色が「黒」「赤」「緑」の品種があります。

デラウェア

シャインマスカット

日に干すと「干しぶどう」になります。ぶどうパンに入っていますね。

干しぶどう

ぶどうパン、ししゃもフライ、こふきいも、ミネストローネ、牛乳の献立

ワイン作り

ワイン用ぶどうの収穫

世界で最も多く作られているといわれる果物の1つです。外国では生のまま食べるより、ワインの原料として多く栽培されます。

発酵

たるで熟成して完成

絞ったジュースで、ゼリーを作ってもおいしいですね。

ビビンバ、豆腐とわかめの韓国風スープ、冷凍ぶどうゼリー、牛乳の献立

体の調子を整えて、疲れをとってくれます。赤い色素には目をよくしたり、血液をきれいにするはたらきもあります。

GRAPES

つかれ

サラ
サラ

MEMO

ブドウ科に属する落葉性つる植物。両性株が多く、自家受粉する。栽培種には大きくヨーロッパ系とアメリカ系とがあり、ヨーロッパ系は中央アジア起源。シルクロード西域の言葉「ブダウ」が語源と考えられ、漢字で音訳された「葡萄」が、そのまま日本に伝わった。世界で最も生産量が多い果物の1つだが、諸外国ではワインの原料として栽培されることが多い。なお、種なしぶどう栽培に欠かせないジベレリンは日本人が発見し、種なしぶどう栽培も日本人によって確立された技術。

編集・健康教育研究会 発行所・株式会社 健学社 〒102-0071 東京都千代田区富士見1-5-8 大新京ビル 電話 03(3222)0557 FAX 03(3262)2615

食育ニュース mini
食べ物大好き！

食べ物ふしぎ10パネル

ぶどう

監修：横浜市楽しい食育サポートチーム

①

つるが空に向かって、どんどん伸びていきます。葉はギザギザしています。

②

つぼみ

花

若い実

小さな花が咲いて、房になった青い実がどんどん大きくなっていきます。もうわかったかな？

夏から秋にかけておいしくなるぶどうです。

④ Q クイズです！
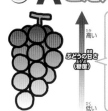

ぶどうは房のどの部分が1番甘いでしょう？
① 上
② 真ん中
③ 下

⑤ A こたえ ①上

高い
ぶどうの甘さ（糖度）
低い

房の付け根の方が甘いので、先の方から食べていくと、よりおいしく味わえます。

のりしろ

世界で最も多く作られているといわれる果物の1つです。外国では生のまま食べるより、ワインの原料として多く栽培されます。

巨峰

⑧ ワイン作り

ワイン用のぶどうの収穫

vendanges, domaine Roger SABON / jeanlouis_zimmermann / from Flickr. CC BY 2.0

発酵

Wine Fermentation / benmacaskill / from Flickr, CC BY 2.0

たるで熟成して完成

Barrels o' wine / Daniel Edwins / from Flickr. CC BY 2.0

ぶどうパン、ししゃもフライ、こふきいも、ミネストローネ、牛乳の献立

⑨

ビビンバ、豆腐とわかめの韓国風スープ、手作りぶどうゼリー、牛乳の献立

写真提供：埼玉県栄養教諭 猪瀬里美先生

絞ったジュースで、ゼリーを作ってもおいしいですね。

ぶどうには皮の色が「黒」「赤」「緑」の品種があります。

⑥

デラウェア

シャインマスカット

⑦

干しぶどう

日に干すと「干しぶどう」になります。ぶどうパンに入っていますね。

体の調子を整えて、疲れをとってくれます。赤い色素には目をよくしたり、血液をきれいにするはたらきもあります。

⑩

GRAPES

沼地に白い大きな花が咲いています。

これはハス（蓮）の花です。

花びらが落ちて、花の台が大きくなって中に実をつけます。この部分がハチの巣に似ているので「ハス」という名前がつきました。

9月

秋になると、水の上の葉や茎は枯れてしまいました。

収穫する人は、なんと腰まで水に浸かっています。もうわかったかな？

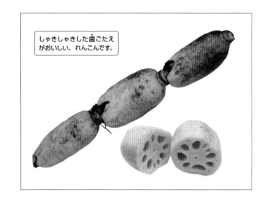

しゃきしゃきした歯ごたえがおいしい、れんこんです。

○×クイズです！

れんこん（蓮根）は漢字で「蓮」の「根」と書くが、本当にハス（蓮）の根の部分である。

○（ホント）　×（ウソ）

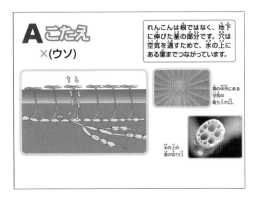

A こたえ
×（ウソ）

れんこんは根ではなく、地下に伸びた茎の部分です。穴は空気を通すためで、水の上にある葉までつながっています。

葉の中央にある空気の取り入れ口。

水の上の茎の切り口。

穴があるので、「見通しがきく」と、おせち料理などの縁起物に使われます。また「筑前煮」など郷土料理にも欠かせない野菜です。

れんこんの煮物盛り付け

はいが入り飯、筑前煮、芋子じょうゆあえ、じゃこと青のりのふりかけ、牛乳の献立

れんこんには、はだをきれいにしたり、体の抵抗力を高めるビタミンC、おなかのそうじをする食物繊維がたっぷり含まれています。

MEMO

ハス科の多年生水草。中国から渡来し、各地の池、沼、水田などで栽培される。観賞用（花バス）と食用（れんこん）がある。れんこんは食用ハスの地下茎。万葉集に「ハチス」の名で出ており、これは「はすの実」（種子）がなる形状がハチの巣に似ていたため。「はすの実」も食べられる。穴を持つことから「見通しが利く」と縁起物として用いられるほか、仏教では迷いの世界（泥水）の中でも、染まらずに悟り（花と実）を得る象徴として、仏の台座（蓮台）にはハスの花のモチーフが使用される。

編集・健康教育研究会　発行所 株式会社 健学社　〒102-0071 東京都千代田区富士見1-5-8 大新京ビル　電話 03(3222)0557　FAX 03(3262)2615

食育ニュース mini
食べ物大好き！

食べ物ふじぎ10パネル　れんこん

監修:横浜市楽しい食育サポートチーム

①
沼地に白い大きな花が咲いています。

② これはハス(蓮)の花です。

③ 花びらが落ちて、花の台が大きくなって中に実をつけます。この部分がハチの巣に似ているので「ハス」という名前がつきました。

⑤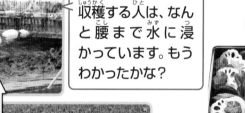
収穫する人は、なんと腰まで水に浸かっています。もうわかったかな？

④
秋になると、水の上の葉や茎は枯れてしまいました。

⑥ しゃきしゃきした歯ごたえがおいしい、れんこんです。

おせち料理の煮しめ

れんこんの挟み揚げ

⑦ ◯✕クイズです！
れんこん(蓮根)は漢字で「蓮」の「根」と書くが、本当にハス(蓮)の根の部分である。
◯(ホント)　✕(ウソ)

⑧ A こたえ
✕(ウソ)

水の上の茎の切り口

葉の中央にある空気の取り入れ口。

れんこんは根ではなく、地下に伸びた茎の部分です。穴は空気を通すためで、水の上にある葉までつながっています。

⑨
はいがご飯、筑前煮、辛子じょうゆあえ、じゃこと青のりのふりかけ、牛乳の献立

穴があるので、「見通しがきく」と、おせち料理などの縁起物に使われます。また「筑前煮」など郷土料理にも欠かせない野菜です。

⑩ れんこんには、はだをきれいにしたり、体の抵抗力を高めるビタミンC、おなかのそうじをする食物繊維がたっぷり含まれています。

食べ物ふしぎ10パネル
ごま

この花は何の花でしょう?

花が終わると、細長い形をした実をつけました。

熟すとさやが裂け、たくさんの種（種子）が飛び出してきました。食べるのはこの種です。もうわかったかな?

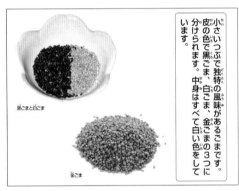

小さいつぶで独特の風味があるごまです。皮の色で黒ごま、白ごま、金ごまの3つに分けられます。中身はすべて白い色をしています。

黒ごまと白ごま

金ごま

ごまは、いって使います。いると香りが立ち、風味がよくなります。お店では、すでにいられた「いりごま」が売られていることが多いです。

ごまを火にかけ、いっているところ

Q クイズです!

いったごまであることをしています。何をしているところでしょう?

① むす　② する　③ つく

A こたえ　②する

ごまは硬いからがあるので、ザラザラしたすり鉢に入れて、すりこ木でこすって細かくすることが「する」という作業です。ごまの栄養の吸収もよくなります。

すりごま

すり鉢とすりこ木

10月

ごまをする

自分の利益のために人のきげんをとること、ごまをすると、すり鉢にベタベタつくので、その様子を相手につきまといこびを言うことにたとえた。また商人などが販売相手にへつらい、手をもむしぐさがごまをする動作に似ていたためともいわれる。

ごまかす

原産地はアフリカですが、世界中で食べられています。日本には中国から伝わり、奈良時代にはすでに栽培されていました。「ごま」を使ったさまざまな言葉も生まれています。

自分の欠点や悪いことを取りつくろったり、水増しすること。江戸時代、ごまを使った「胡麻胴乱」というお菓子があり、形が大きなわりに中身が空っぽだった。そこから「ごま菓子」が「見かけ倒し」の意味で使われ、そこから生まれた言葉ともいわれる。

ごまは料理や菓子などによく使われます。しぼると、香りのよい油もとれます。

ドライカレー（麦ご飯）、ごま酢あえ、プルーンはっこう乳の献立

ごまスコーン

ごまのアイスクリーム

ごま油

カルシウムやビタミンE、鉄が多く、骨や歯を丈夫にします。ほかにも体によい、いろいろな栄養素が含まれ、「不老長寿の薬」ともよばれていました。

MEMO

ゴマ科の1年草。アフリカ原産とされるが、栽培ゴマについてはインド説もある。日本には奈良時代に伝わる。種子を食用とし、さやから取り出して洗って乾燥させた「むきごま」をいって「いりごま」にして食べる。さらに切ったものが「切りごま」。すり鉢ですったものが「すりごま」でペースト状まで粉砕すると「練りごま」に。圧搾すると「ごま油」がとれる。黒、白、金の各ごまは品種の違い。栽培に手間がかかり、現在、国内に流通しているごまのほとんどは輸入品である。

編集・健康教育研究会　発行所・株式会社 健学社　〒102-0071 東京都千代田区富士見1-5-8 大新京ビル　電話 03(3222)0557　FAX 03(3262)2615

食育ニュース mini

食べ物大好き！

食べ物ふしぎ10パネル

ごま

監修：横浜市楽しい食育サポートチーム

①

この花は何の花でしょう？

②

花が終わると、細長い形をした実をつけました。

③

熟すとさやが裂け、たくさんの種（種子）が飛び出してきました。食べるのはこの種です。もうわかったかな？

⑥ Q クイズです！

いったごまであることをしています。何をしているところでしょう？

① むす　② する　③ つく

④

黒ごまと白ごま

金ごま

⑤

ごまを火にかけ、いっているところ

ごまは、いって使います。いると香りが立ち、風味がよくなります。お店では、すでにいられた「いりごま」が売られていることが多いです。

小さいつぶで独特の風味があるごまです。皮の色で黒ごま、白ごま、金ごまの3つに分けられます。中身はすべて白い色をしています。

⑦ A こたえ　②する

すりごま　　すり鉢とすりこ木

ごまは硬いからがあるので、ザラザラしたすり鉢に入れて、すりこ木でこすって細かくすることが「する」という作業です。ごまの栄養の吸収もよくなります。

⑧

ごまをする

自分の利益のために人のきげんをとること。ごまをすると、すり鉢にベタベタつくので、その様子を相手につきまとい、こびる姿にたとえた。また商人などが商売相手へへつらい、手をもむしぐさがごまをする動作に似ていたためともいわれる。

ごまかす

自分に都合の悪いことを取りつくろったり、不正をすること。江戸時代、ごまを使った「胡麻胴乱」というお菓子があり、形が大きなわりには中身が空っぽだった。そこから「ごま菓子」が「見かけ倒し」の意味で使われ、そこから生まれた言葉といわれる。

原産地はアフリカですが、世界中で食べられています。日本には中国から伝わり、奈良時代にはすでに栽培されていました。「ごま」を使ったさまざまな言葉も生まれています。

⑨

ドライカレー（麦ご飯）、ごま酢あえ、プルーンはっこう乳の献立

ごまスコーン

ごまのアイスクリーム

ごま油

ごまは料理や菓子などによく使われます。しぼると、香りのよい油もとれます。

カルシウムやビタミンE、鉄が多く、骨や歯を丈夫にします。ほかにも体によい、いろいろな栄養素が含まれ、「不老長寿の薬」ともよばれていました。

⑩

初夏、ふわふわした白くて穂のような花が咲いています。

わぁ～、大きな木に、その白い花がいっぱい。下を通るとむせかえるようなにおいがします。

白い穂のような花の根もとに丸い小さな花も咲いていました。じつはこれが実がなる雌花で、穂のような花は雄花です。

丸い「いが」ができて、とげの数が増えていきます。やがてぱっくり割れて、「いが」の中から茶色の実が顔をのぞかせました。もうわかったかな?

ほくほくしておいしい秋の味覚のくりです。

Q クイズです!

1つの「いが」の中に、くりはふつういくつ入っているでしょう?

① 2つ　② 3つ　③ 4つ

A こたえ

②3つ

並んで3つ実をつけます。昔からよく知られ、和歌でも「三つ栗の~」とうたわれます。

10月

くりはでんぷんの粒が細かく、上品な味がするのでお菓子によく使われます。

渋皮煮

モンブラン　栗むしようかん

お月見のお供え物。秋のくりご飯、「いがぐり」はお祝いの席に出されます。おせち料理の「くりきんとん」にもくりは使われています。

くりきんとん(おせち料理)

写真提供:福島県南相馬市学校給食センター

お月見とくに「十三夜の月(栗名月)」のお供え物に用いられる。

くりご飯

脂質が少なく、とてもヘルシーな木の実です。でんぷんが多く、たんぱく質もあるので、縄文時代の人たちは主食にしていました。ビタミンCも多く含んでいます。

元気 くりくり!

MEMO

ブナ科の落葉高木。雄花と雌花があり5～6月にかけて咲く。雌花には3つの子房があり、通常、実をつけると1つのいがに3つの栗の実をつける。「三つ栗の」は、いがの中にある3つの実の中央のものから、「那賀(なか)」にかかる枕詞。日本のクリは縄文時代の人々の主食であった。青森県の三内丸山遺跡からも出土し、すでに集落で栽培も行われていたことがわかった。種実類の中では、でんぷんが多く脂質が少ないのが特徴。ビタミンCも多く含む。

編集·健康教育研究会　発行所·株式会社 健学社　〒102-0071 東京都千代田区富士見1-5-8 大新京ビル　電話 03(3222)0557　FAX 03(3262)2615

食育ニュース mini
食べ物大好き！

食べ物ふしぎ10パネル

くり

監修:横浜市楽しい食育サポートチーム

① 初夏、ふわふわした白くて穂のような花が咲いています。

② 白い穂のような花の根もとに丸い小さな花も咲いていました。じつは、これが実がなる雌花で、穂のような花は雄花です。

③ わぁ～、大きな木に、その白い花がいっぱい。下を通るとむせかえるようなにおいがします。

④ 丸い「いが」ができて、とげの数が増えていきます。やがてぱっくり割れて、「いが」の中から茶色の実が顔をのぞかせました。もうわかったかな？

⑤ ほくほくしておいしい秋の味覚のくりです。

⑥ **Q クイズです！**
1つの「いが」の中に、くりはふつういくつ入っているでしょう？
① 2つ　② 3つ　③ 4つ

⑦ **A こたえ ② 3つ**

並んで3つ実をつけます。昔からよく知られ、和歌でも「三つ栗の～」とうたわれます。

のりしろ

⑧

くりはでんぷんの粒が細かく、上品な味がするのでお菓子によく使われます。

モンブラン　栗むしようかん

⑨ お月見のお供え物、秋のくりご飯、「かちぐり」はお祝いの席に出されます。おせち料理の「くりきんとん」にもくりは使われています。

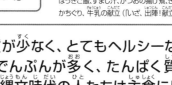
くりご飯

くりきんとん（おせち料理）

お月見（とくに「十三夜の月（栗名月）」）のお供え物に用いられる。

写真提供:福島県南相馬市 学校給食センター
3.6牛乳
ほっきき飯、すまし汁、かつおの揚げ煮、きゅうりの昆布入り漬け、かちぐり、牛乳の献立（「いざ、出陣！献立」）

⑩

元気 くりくり！

脂質が少なく、とてもヘルシーな木の実です。でんぷんが多く、たんぱく質もあるので、縄文時代の人たちは主食にしていました。ビタミンCも多く含んでいます。

食べ物ふしぎ10パネル
にんじん

丸い時計盤のようなつぼみから、やがて白いレースのような花が咲きました。

花が終わると種ができました。その種を畑にまいてみると…

おや、ギザギザの葉がたくさん出てきて大きく伸び、やがて地面からオレンジ色の根もとが見えてきました。もうわかったかな？

オレンジ色の健康野菜。甘くておいしいにんじんです。せりやパセリと同じ仲間なので、葉もおいしく食べられます。

涼しい気候を好む野菜で、病害虫も少ない秋から冬にかけて多く栽培され、収穫されます。また寒さにあたることで、とても甘くなります。

秋空の下のにんじん畑。手前の木には、かきが実る。

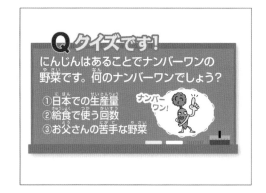

Q クイズです！
にんじんはあることでナンバーワンの野菜です。何のナンバーワンでしょう？
① 日本での生産量
② 給食で使う回数
③ お父さんの苦手な野菜
ナンバーワン！

A こたえ　② 給食で使う回数

その理由はいろどりがよく、栄養もたっぷりだからです。和洋中どんな料理にも使えます。
ピーラーで、にんじんの皮を一本ずつ、ていねいにむく調理員さん
麦ご飯、和風カレー、甘酢あえ、プルーン発酵乳の献立

煮物、炒め物、あえ物、サラダ、お菓子、ジュース…。いろいろな料理に引っ張りだこのこの野菜です。
にんじんごまあえ
キャロットケーキ
キャロットグラッセ
にんじんジュース

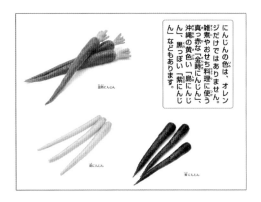

にんじんの色は、オレンジだけではありません。真っ赤な「金時にんじん」、沖縄の黄色い「島にんじん」、黒っぽい「紫にんじん」などもあります。
金時にんじん
島にんじん
紫にんじん

にんじんのオレンジ色は病気から体を守るカロテン（ビタミンA）パワーのあかし。油と一緒に食べると吸収がよくなります。
カロテンパワー！

MEMO

セリ科の植物。現在のアフガニスタンの辺りが原産地とされ、そこから東へと伝わった東洋系、西へと伝わった西洋系がある。日本には東洋系のにんじんが16世紀に伝えられたが、江戸時代後期にはオランダやフランスで改良が加えられた西洋系も伝えられ、とくに戦後は西洋系のにんじんの生産が多くなった。「にんじん」の名は、薬草の朝鮮人参に根の形が似ていたためといわれる。体内でビタミンAとなるカロテンを非常に多く含み、「カロテン」という名もにんじんの英名・carrotに由来する。

編集・健康教育研究会　発行所・株式会社　健学社　〒102-0071 東京都千代田区富士見1-5-8 大新京ビル　電話 03(3222)0557　FAX 03(3262)2615

食育ニュース mini
食べ物大好き！

食べ物ふしぎ10パネル

にんじん

企画：横浜市楽しい食育サポートチーム

丸い時計盤のようなつぼみから、やがて白いレースのような花が咲きました。

花が終わると種ができました。その種を畑にまいてみると…。

②

③

おや、ギザギザの葉がたくさん出てきて大きく伸び、やがて地面からオレンジ色の根もとが見えてきました。もうわかったかな？

④

オレンジ色の健康野菜。甘くておいしいにんじんです。せりやパセリと同じ仲間なので、葉もおいしく食べられます。

⑤

秋空の下のにんじん畑。手前の木には、かきが実る。

涼しい気候を好む野菜で、病害虫も少ない秋から冬にかけて多く栽培され、収穫されます。また寒さにあたることで、とても甘くなります。

⑥ Qクイズです！

にんじんはあることでナンバーワンの野菜です。何のナンバーワンでしょう？

①日本での生産量
②給食で使う回数
③お父さんの苦手な野菜

ナンバーワン！

のりしろ

⑦ Aこたえ ②給食で使う回数

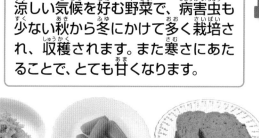

ピーラーで、にんじんの皮を1本ずつ、ていねいにむく調理員さん。

麦ご飯、和風カレー、甘酢あえ、プルーン発酵乳の献立

その理由はいろどりがよく、栄養もたっぷりだからです。和洋中どんな料理にも使えます。

⑧

にんじんごまあえ　　キャロットグラッセ　　キャロッドケーキ

にんじんジュース

煮物、炒め物、あえ物、サラダ、お菓子、ジュース…。いろいろな料理に引っ張りだこの野菜です。

にんじんの色は、オレンジだけではありません。雑煮やおせち料理に使う真っ赤な「金時にんじん」、沖縄の黄色い「島にんじん」、黒っぽい「紫にんじん」などもあります。

⑨

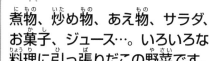

金時にんじん

島にんじん　　　　紫にんじん

⑩

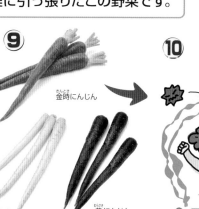

にんじんのオレンジ色は病気から体を守るカロテン（ビタミンA）パワーのあかし。油と一緒に食べると吸収がよくなります。

カロテンパワー！

食べ物ふしぎ10パネル
りんご

うすいピンク色で、桜のような花が満開です。何の花かわかりますか?

花が終わると実ができます。

害虫から守るため、1つずつ袋をかけて育てることもあります。大きくなると袋を取り、白に当てて実を赤くします。もうわかったかな?

さわやかな香りと甘酸っぱさがおいしいりんごです。

りんごの生産地
りんごは夏涼しく、水はけのよい場所でよく育ちます。
北海道
青森
秋田
岩手
山形
福島
長野
群馬

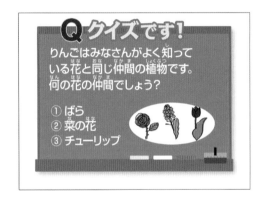
Qクイズです!
りんごはみなさんがよく知っている花と同じ仲間の植物です。何の花の仲間でしょう?
① ばら
② 菜の花
③ チューリップ

Aこたえ　①ばら
りんごはバラ科の植物です。バラ科のくだものには、もも、なし、さくらんぼ、うめ、いちごなどもあります。
紅ばら
ばらの実(ローズヒップ)
バラ科のくだもの
もも　なし　さくらんぼ
うめ　いちご

出荷量の多い「ふじ」、酸味の強い「紅玉」、黄色い「王林」、小さくてかわいい「アルプス乙女」など、さまざまな種類があります。
王林
ふじ
紅玉
白に当てない部分を作ると、こんなりんごもできる。
合格
アルプス乙女(ミニりんご)

そのまま食べたり、ジュースやジャム、お菓子にも変身します。
丸パン、ハンバーグト マトソース、パスタ スープ、牛乳、りんご の献立
りんごジュース
アップルパイ

栄養がたっぷりで「1日1個のりんごを食べるとお医者さんがいらない」といわれます。おなかのそうじをする食物繊維も多くあります。
1日1個で医者いらず

MEMO

バラ科リンゴ属の果物。原産地は中央アジアとされる。現在日本で栽培されているものは明治以降、アメリカなどから導入されたもの。病害虫を避けるために一定期間、果実に袋をかけて育てる有袋栽培は日本独自の栽培技術といわれ、色づきがよくなり、貯蔵性も高まる利点がある。また無袋で育てられたりんごは、通称「サン○○」(○○は品種名)とよばれ、甘味が増す。古くから体によい果物として広く愛されてきた。

編集・健康教育研究会　発行所・株式会社　健学社　〒102-0071 東京都千代田区富士見1-5-8 大新京ビル　電話 03(3222)0557　FAX 03(3262)2615

食育ニュースmini

食べ物大好き！

食べ物ふしぎ10パネル

りんご

監修：横浜市楽しい食育サポートチーム

①

②

うすいピンク色で、桜のような花が満開です。何の花かわかりますか？

花が終わると実ができます。

③
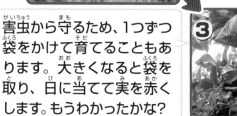

害虫から守るため、1つずつ袋をかけて育てることもあります。大きくなると袋を取り、日に当てて実を赤くします。もうわかったかな？

りんごは夏涼しく、水はけのよい場所でよく育ちます。

さわやかな香りと甘酸っぱさがおいしいりんごです。

④

⑤ りんごの生産地

北海道
青森
秋田
山形
岩手
福島
長野
群馬

⑥ Q クイズです！

りんごはみなさんがよく知っている花と同じ仲間の植物です。何の花の仲間でしょう？

① ばら
② 菜の花
③ チューリップ

⑦ A こたえ ① ばら

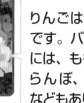
野いばら

りんごはバラ科の植物です。バラ科のくだものには、もも、なし、さくらんぼ、うめ、いちごなどもあります。

バラ科のくだもの

もも　なし　さくらんぼ
うめ　いちご

ばらの実（ローズヒップ）
※実の形や色は、ばらによって異なる

⑧

王林　ふじ　紅玉

日に当てない部分を作ると、こんなりんごもできる。

アルプス乙女（ミニりんご）

出荷量の多い「ふじ」、酸味の強い「紅玉」、黄色い「王林」、小さくてかわいい「アルプス乙女」など、さまざまな種類があります。

⑨

丸パン、ハンバーグトマトソース、パスタスープ、牛乳、りんごの献立

りんごジュース

⑩ 1日1個で医者いらず

栄養がたっぷりで「1日1個のりんごを食べるとお医者さんがいらない」といわれます。おなかのそうじをする食物繊維も多くあります。

なべで熱してジャムを作る。

アップルパイ

そのまま食べたり、ジュースやジャム、お菓子にも変身します。

食べ物ふしぎ10パネル
はくさい

この花は何の花でしょう。
菜の花みたいな花ですね。

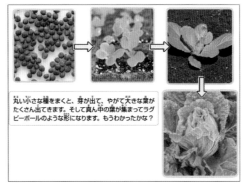

丸い小さな種をまくと、身が出て、やがて大きな葉がたくさん出てきます。そして真ん中の葉が集まってラグビーボールのような形になります。もうわかったかな？

手にずっしり重く、葉はシャキシャキして甘い、冬野菜の代表、はくさいです。

Qクイズです！
はくさいは寒くなると、ある変化が起こります。
その変化とは何でしょう？
①色がきれいになる
②味が甘くなる
③歯ごたえがよくなる

Aこたえ
②味が甘くなる

寒くなると、はくさいは葉が凍らないように、光合成で作ったでんぷんを糖に変えて葉に集めます。そのため味が甘くなるのです。

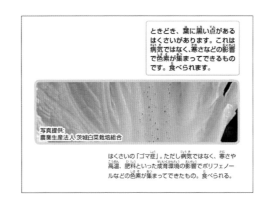

ときどき、葉に黒い点があるはくさいがあります。これは病気ではなく、寒さなどの影響で色素が集まってできるものです。食べられます。

写真提供：
農業生産法人 茨城白菜栽培組合

はくさいの「ゴマ症」。ただし病気ではなく、寒さや高温、肥料といった成育環境の影響でポリフェノールなどの色素が集まってできたもの。食べられる。

あっさりした味で、煮物、汁物、鍋料理、漬物などの和食や、炒め物やスープ、シチューにも使われます。

ご飯、たらちり、かぼちゃのそぼろあんかけ、焼きぎんの、牛乳の献立

キムチ

白菜の漬物

鍋料理

はくさいのスープ

12月

中国から種が持ち帰られて、日本で広く栽培されるようになったのは20世紀に入ってからです。
日本では比較的新しい野菜なのです。

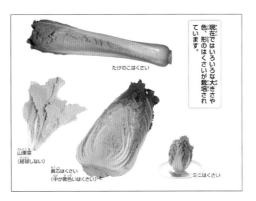

現在ではいろいろな大きさや色、形のはくさいが栽培されています。

たけのこはくさい

山東菜
（結球しない）

黄芯はくさい
（中が黄色いはくさい）

ミニはくさい

食物繊維が多く、おなかのそうじをしてくれます。はだをきれいにするビタミンも多く含んでいます。

MEMO

アブラナ科の植物。和食によく用いられるが、結球する白菜が広く食べられるようになったのは20世紀に入ってから。日清・日露戦争をきっかけに日本に持ち込まれたものの、近縁のアブラナ科植物と交雑しやすく、継続的に種を採っていくのが難しかったという。明治末期から大正にかけ、離島などで隔離して育種したり、品種改良を行うことで栽培が軌道に乗った。茎にときどき現れる黒い斑点は、ポリフェノール類の色素が集まったもので、食べられる。

編集・健康教育研究会　発行所・株式会社　健学社　〒102-0071 東京都千代田区富士見1-5-8 大新京ビル　電話 03(3222)0557　FAX 03(3262)2615

食育ニュース mini
食べ物大好き！

食べ物ふしぎ10パネル

はくさい

監修：横浜市楽しい食育サポートチーム

この花は何の花でしょう。菜の花みたいな花ですね。

①

②

③

丸い小さな種をまくと、芽が出て、やがて大きな葉がたくさん出てきます。そして真ん中の葉が集まってラグビーボールのような形になります。もうわかったかな？

---

④ **Q クイズです！**

はくさいは寒くなると、ある変化が起こります。その変化とは何でしょう？
① 色がきれいになる
② 味が甘くなる
③ 歯ごたえがよくなる

手にずっしり重く、葉はシャキシャキして甘い、冬野菜の代表、はくさいです。

のりしろ

⑤ **A こたえ**
② 味が甘くなる

寒くなると、はくさいは葉が凍らないように、光合成で作ったでんぷんを糖に変えて葉に集めます。そのため味が甘くなるのです。

ときどき、葉に黒い点があるはくさいがあります。これは病気ではなく、寒さなどの影響で色素が集まってできるものです。食べられます。

⑥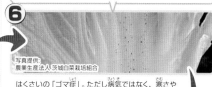

写真提供：農業生産法人茨城白菜栽培組合

はくさいの「ゴマ症」。ただし病気ではなく、寒さや高温、肥料といった成育環境の影響でポリフェノールなどの色素が集まってできたもの。食べられる。

---

⑧ 中国から種が持ち帰られて、日本で広く栽培されるようになったのは20世紀に入ってからです。日本では比較的新しい野菜なのです。

現在ではいろいろな大きさや色、形のはくさいが栽培されています。

キムチ

白菜の漬物

鍋料理

はくさいのスープ

⑦ ご飯、たらちり、かぼちゃのそぼろあんかけ、焼きのり、牛乳の献立

あっさりした味で、煮物、汁物、鍋料理、漬物などの和食や、炒め物やスープ、シチューにも使われます。

---

⑨

山東菜（結球しない）

黄芯はくさい（中が黄色いはくさい）

たけのこはくさい

ミニはくさい

⑩ 食物繊維が多く、おなかのそうじをしてくれます。はだをきれいにするビタミンCも多く含んでいます。

食べ物ふしぎ10パネル
かぼちゃ

初夏、黄色い花が咲きました。雌花と雄花があるようです。
雌花
雄花

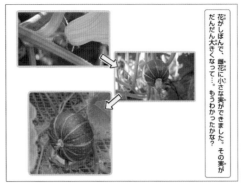
花がしぼんで、雌花に小さな実ができました。その実がだんだん大きくなって……。もうわかったかな？

ほくほく甘いかぼちゃです。かぼちゃは夏に収穫される野菜です。
西洋かぼちゃ

かぼちゃは皮がかたく、なかなか切れません。中には大きな種がぎっしり詰まっています。種も食べられます。

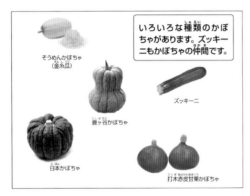
いろいろな種類のかぼちゃがあります。ズッキーニもかぼちゃの仲間です。
そうめんかぼちゃ（金糸瓜）
ズッキーニ
鹿ヶ谷かぼちゃ
日本かぼちゃ
打木赤皮甘栗かぼちゃ

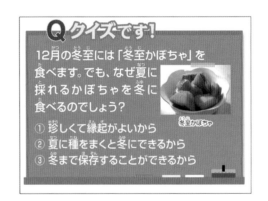
Qクイズです！
12月の冬至には「冬至かぼちゃ」を食べます。でも、なぜ夏に採れるかぼちゃを冬に食べるのでしょう？
① 珍しくて縁起がよいから
② 夏に種をまくと冬にできるから
③ 冬まで保存することができるから
冬至かぼちゃ

Aこたえ
③冬まで保存することができるから
昔は冬になると野菜が少なくなったので、夏に採れたかぼちゃを冬まで保存していました。かたい皮が中身が乾燥するのを防いでくれるのです。「冬至にかぼちゃを食べるとかぜをひかない」ともいわれました。
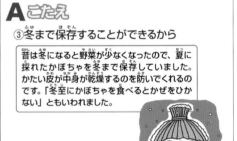

山梨県の郷土料理「ほうとう」に、かぼちゃは欠かせません。和食の煮物、最近では洋風のスープやシチュー、チップス、お菓子などにもよく使われます。
ほうとう
かぼちゃのクリームシチュー
かぼちゃ・ごぼうチップス
かぼちゃプリン
はいが米飯、鶏ごぼうご飯の具、かぼちゃのそぼろあんかけ、大根のみそ汁、牛乳の献立

シンデレラの馬車は、何に魔法をかけてできましたか？そう「かぼちゃ」です。10月のハロウィーンではかぼちゃに目鼻をくり抜いて「ジャック・オ・ランタン」を作ります。

色の濃い野菜でビタミンA・C・Eがいっぱい。冬の健康を守る野菜のエースです。
冬のビタミンエース！

MEMO

ウリ科カボチャ属の植物。原産地は南北アメリカ大陸。西洋かぼちゃ、東洋かぼちゃ、ペポカボチャの3つの栽培種がある。日本に伝わったのは戦国時代。カンボジア経由して持ち込まれ、「カンボジアうり」がなまって「かぼちゃ」となったという。皮が硬く中身の乾燥を防ぐため、長期保存ができた。「冬至かぼちゃ」の行事食は冬の健康を守る先人の知恵ともいえる。『シンデレラ』にかぼちゃを登場させたのはフランスの童話作家ペローによる。

編集・健康教育研究会　発行所・株式会社　健学社　〒102-0071 東京都千代田区富士見1-5-8 大新京ビル　電話 03(3222)0557　FAX 03(3262)2615

食育ニュース mini
食べ物大好き！

食べ物ふしぎ10パネル

かぼちゃ

監修・横浜市楽しい食育サポートチーム

① 初夏、黄色い花が咲きました。雌花と雄花があるようです。

雌花
雄花

② 花がしぼんで、だんだん大きくなって…。もうわかったかな？

雌花に小さな実ができました。その実が

③

ほくほく甘いかぼちゃです。かぼちゃは夏に収穫される野菜です。

西洋かぼちゃ

いろいろな種類のかぼちゃがあります。ズッキーニもかぼちゃの仲間です。

そうめんかぼちゃ（金糸瓜）

ズッキーニ

鹿ヶ谷かぼちゃ

日本かぼちゃ

打木赤皮甘栗かぼちゃ

⑤

④ かぼちゃは皮がかたく、なかなか切れません。中には大きな種がぎっしり詰まっています。種も食べられます。

⑥ Q クイズです！

12月の冬至には「冬至かぼちゃ」を食べます。でも、なぜ夏に採れるかぼちゃを冬に食べるのでしょう？

① 珍しくて縁起がよいから
② 夏に種をまくと冬にできるから
③ 冬まで保存することができるから

冬至かぼちゃ

⑦ A こたえ ③冬まで保存することができるから

昔は冬になると野菜が少なくなったので、夏に採れたかぼちゃを冬まで保存していました。かたい皮が中身が乾燥するのを防いでくれるのです。「冬至にかぼちゃを食べるとかぜをひかない」ともいわれました。

のりしろ

山梨県の郷土料理「ほうとう」に、かぼちゃは欠かせません。和食の煮物、最近では洋風のスープやシチュー、チップス、お菓子などにもよく使われます。

ほうとう

かぼちゃのクリームシチュー

かぼちゃ・ごぼうチップス

かぼちゃプリン

⑧

はいがご飯、鶏ごぼうご飯の具、かぼちゃのそぼろあんかけ、大根のみそ汁、牛乳の献立

⑨ シンデレラの馬車は、何に魔法をかけてできましたか？そう「かぼちゃ」です。10月のハロウィーンではかぼちゃに目鼻をくり抜いて「ジャック・オ・ランタン」を作ります。

⑩ 色の濃い野菜でビタミンA・C・Eがいっぱい。冬の健康を守る野菜のエースです。

冬のビタミンエース！

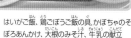

食べ物ふしぎ10パネル
さといも

かさにできそうな大きな葉です。七夕の日に葉の上の朝露をとって墨をすり、その字を書くと字が上手になるといわれました。

葉のかげに黄色い花が咲いています。めったに見られない、とても珍しい花です。

写真提供:埼玉県上尾市報広聴課

土の下にあるいもを食べます。中央に大きな「親いも」、周りに「子いも」や「孫いも」ができます。もうわかったかな?

親いも
子いも・孫いも

コロコロしていてかわいい形。皮をむくとぬるぬるして、つるっとすべるさといもです。

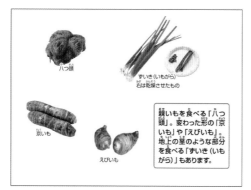

八つ頭

ずいき (いもがら)
右は乾燥させたもの

京いも

えびいも

親いもを食べる「八つ頭」。変わった形の「京いも」や「えびいも」。地上の茎のような部分を食べる「ずいき (いもがら)」もあります。

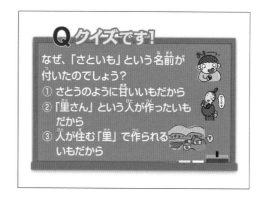

Q クイズです!

なぜ、「さといも」という名前が付いたのでしょう?
① さとうのように甘いいもだから
② 「里さん」という人が作ったいもだから
③ 人が住む「里」で作られるいもだから

A こたえ

③ 人が住む「里」で作られるいもだから

やまいも
(やまのいも)

さといもは日本ではお米よりも昔から作られていました。山で採れる「やまいも」に対して、里(人の住むところ)で作られるいもという意味で「さといも」という名が付いたといわれます。

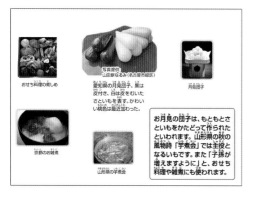

おせち料理の煮しめ

写真提供:山田銀なるみ(名古屋市緑区)
愛知県の月見団子。黒は皮付き、白は皮をむいたさといもを表す。かわいい焦色は最近加わった。

月見団子

京都のお雑煮

山形県の芋煮会

お月見の団子は、もともとさといもをかたどって作られたといわれます。山形県の秋の風物詩「芋煮会」では主役となるいもです。また「子孫が増えますように」と、おせち料理や雑煮にも使われます。

ご飯、ふりかけ(ごま・じゃこ・青のり)、含め煮、からしじょうゆあえ、牛乳の献立

衣かつぎ

さといもコロッケ

「衣かつぎ」はそのままゆでたもの。和食の煮物だけでなく、洋食のコロッケやシチューにしてもおいしいいもです。

とってもヘルシー おなかにやさしい

ムチン
ムチン
ムチン

低カロリーでヘルシー。ぬめりのもとの「ムチン」は、食物繊維の一種です。胃や腸をやさしく守ってくれます。

MEMO

サトイモ科の植物。根茎を食用にするサトイモ科の総称を「タロイモ」といい、日本の「さといも」は最も北方で栽培されるタロイモ。縄文後期に日本に伝えられ、イネよりも古い。もともと「いも(ウモ)」はヤマイモを指したが、後に区別のために「里でとれるいも」の意で「さといも」になった。子孫繁栄を願い、縁起物としておせち料理や雑煮に使われる。十五夜は別名「いも名月」ともよばれ、月見団子はさといもをかたどって供えられたといわれる。愛知県の月見団子の形にその名残りが忍ばれる。

編集・健康教育研究会　発行所・株式会社 健学社　〒102-0071 東京都千代田区富士見1-5-8 大新京ビル　電話 03(3222)0557　FAX 03(3262)2615

食育ニュース mini
食べ物大好き！

食べ物ふしぎ10パネル さといも

監修：横浜市楽しい食育サポートチーム

①

②

葉のかげに黄色い花が咲いています。めったに見られない、とても珍しい花です。

写真提供：埼玉県上尾市広報広聴課

かさにできそうな大きな葉です。七夕の日に葉の上の朝露をとって墨をすり、習字をすると字が上手になるといわれました。

③

④

土の下にあるいもを食べます。中央に大きな「親いも」、周りに「子いも」や「孫いも」ができます。もうわかったかな？

親いも

子いも・孫いも

コロコロしていてかわいい形。皮をむくとぬるぬるして、つるっとすべるさといもです。

⑤

親いもを食べる「八つ頭」。変わった形の「京いも」や「えびいも」。地上の茎のような部分を食べる「ずいき（いもがら）」もあります。

八つ頭

ずいき（いもがら）
右は乾燥させたもの

京いも

えびいも

⑥ Ｑ クイズです！

なぜ、「さといも」という名前が付いたのでしょう？
① さとうのように甘いいもだから
② 「里さん」という人が作ったいもだから
③ 人が住む「里」で作られるいもだから

あまい
さとう

⑦ Ａ こたえ ③ 人が住む「里」で作られるいもだから

やまいも（やまのいも）

やまいも

里

さといも

さといもは日本ではお米よりも昔から作られていました。山で採れる「やまいも」に対して、里（人の住むところ）で作られるいもという意味で「さといも」という名が付いたといわれます。

⑧

おせち料理の煮しめ

京都のお雑煮

月見団子

写真提供：山田餅なるみ（名古屋市緑区）
愛知県の月見団子。黒は皮付き、白は皮をむいたさといもを表す。かわいい桃色は最近加わった。

山形県の芋煮会

お月見の団子は、もともとさといもをかたどって作られたといわれます。山形県の秋の風物詩「芋煮会」では主役となるいもです。また「子孫が増えますように」と、おせち料理や雑煮にも使われます。

⑨

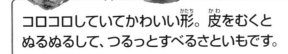

ご飯、ふりかけ（ごま・じゃこ 青のり）、含め煮、からしじょうゆあえ、牛乳の献立

衣かつぎ

さといもコロッケ

「衣かつぎ」はそのままゆでたもの。和食の煮物だけでなく、洋食のコロッケやシチューにしてもおいしいいもです。

⑩

とってもヘルシー おなかにやさしい

ムチン

低カロリーでヘルシー。ぬめりのもとの「ムチン」は、食物繊維の一種です。胃や腸をやさしく守ってくれます。

食べ物ふしぎ10パネル
ほうれんそう

Q クイズです！

「ほうれんそう」はどれでしょう？

① ② ③

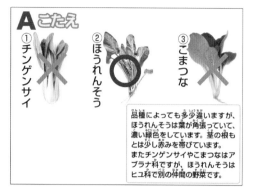

A こたえ

① チンゲンサイ
② ほうれんそう ○
③ こまつな

品種によっても多少違いますが、ほうれんそうは葉が角張っていて、濃い緑色をしています。茎の根もとは少し赤みを帯びています。またチンゲンサイやこまつなはアブラナ科ですが、ほうれんそうはヒユ科で別の仲間の野菜です。

ほうれんそうのふるさとは昔のペルシア。この地が「菠薐（ほうれん）」ともよばれたため、この名がつきました。そこから東と西に分かれて伝わり、今は両方のよいところを受け継いだ品種が主流になっています。

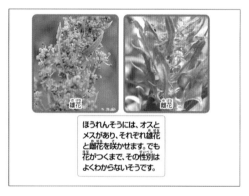

ほうれんそうには、オスとメスがあり、それぞれ雄花と雌花を咲かせます。でも花がつくまで、その性別はよくわからないそうです。

雄花　雌花

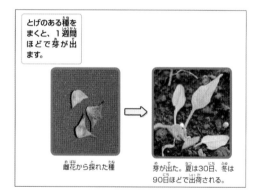

とげのある種をまくと、1週間ほどで芽が出ます。

雌花から採れた種　　芽が出た。夏は30日、冬は90日ほどで出荷される。

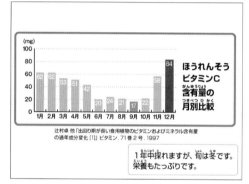

ほうれんそう
ビタミンC
含有量の
月別比較

(mg)	1月	2月	3月	4月	5月	6月	7月	8月	9月	10月	11月	12月
	62	62	53	51	42	20	24	21	17	22	58	84

辻村卓 他「出回り期が長い食用植物のビタミンおよびミネラル含有量の通年成分変化 [1] ビタミン, 71巻2号, 1997

1年中採れますが、旬は冬です。栄養もたっぷりです。

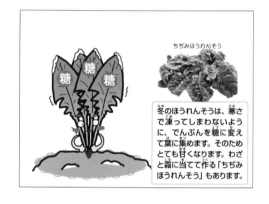

ちぢみほうれんそう

糖 糖 糖

冬のほうれんそうは、寒さで凍ってしまわないように、でんぷんを糖に変えて葉に集めます。そのためとても甘くなります。わざと霜に当てて作る「ちぢみほうれんそう」もあります。

洋食なら「バターソテー」「キッシュ」「クリーム煮」、和食なら「おひたし」にしてもおいしいですね。

はいが食パン、チリコンカーン、ほうれんそうのソテー、チーズ、牛乳の献立

ほうれんそうのキッシュ　ほうれんそうのクリーム煮　ほうれんそうのおひたし

『ポパイ』を知っていますか？ どんなピンチになっても、ほうれんそうを食べれば元気百倍。必ず大逆転します。

おいらのひみつはほうれんそう

Popeye Spinach In A Can - Michael 1952 - from Flickr. CC BY 2.0

カロテン（ビタミンA）たっぷりの緑黄色野菜。食物繊維も多く、ヨーロッパでは「胃腸のほうき」ともよばれています。

カロテンパワー

MEMO

ヒユ科の植物。初めて栽培されたのがペルシア（現在のイラン）で、そこから東と西に分かれて伝わり、日本には江戸時代初期に渡来。ペルシアやネパール地方を「菠薐（ホリン）国」とよんだためこの名がついた。明治に入り西洋種が輸入され、品種改良が進む。雌雄異株の植物で雄株は先に花芽を伸ばす。『ポパイ』の秘密の栄養源になぜ選ばれたのかは諸説あったが、近年、初期のマンガの中でポパイ自身が「ビタミンAに富むから」と発言していたことがわかった。

1月

編集·健康教育研究会 発行所·株式会社 健学社 〒102-0071 東京都千代田区富士見1-5-8 大新京ビル 電話 03(3222)0557 FAX 03(3262)2615

食育ニュース mini
食べ物大好き！

食べ物ふしぎ10パネル ほうれんそう

監修:横浜市楽しい食育サポートチーム

① Qクイズです！

「ほうれんそう」はどれでしょう？

① ② ③

② Aこたえ

① チンゲンサイ ✕ 　② ほうれんそう ○ 　③ こまつな ✕

のりしろ

品種によっても多少違いますが、ほうれんそうは葉が角張っていて、濃い緑色をしています。茎の根もとは少し赤みを帯びています。
またチンゲンサイやこまつなはアブラナ科ですが、ほうれんそうはヒユ科で別の仲間の野菜です。

③

ほうれんそうのふるさとは昔のペルシア。この地が「菠薐（ほうれん）」ともよばれたため、この名がつきました。そこから東と西に分かれて伝わり、今は両方のよいところを受け継いだ品種が主流になっています。

西洋種 葉が丸く肉厚
ペルシア（菠薐）※現在のイラン
東洋種 葉先がとがり、切れ込みがある。葉は薄い。

ほうれんそうには、オスとメスがあり、それぞれ雄花と雌花を咲かせます。でも花がつくまで、その性別はよくわからないそうです。

④

雄花　雌花

とげのある種をまくと、1週間ほどで芽が出ます。

⑤

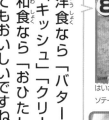
雌花から採れた種　芽が出た→夏は30日、冬は90日ほどで出荷される。

1年中採れますが、旬は冬です。栄養もたっぷりです。

⑥

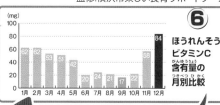

(mg)
ほうれんそう ビタミンC 含有量の 月別比較

1月	2月	3月	4月	5月	6月	7月	8月	9月	10月	11月	12月
62	62	53	51	42	20	24	21	17	22	58	84

辻村卓 他「出回り期が長い食用植物のビタミンおよびミネラル含有量の通年成分変化 [1] ビタミン」ビタミン、71巻2号、1997

⑦

糖 糖 糖
ちぢみほうれんそう

冬のほうれんそうは、寒さで凍ってしまわないように、でんぷんを糖に変えて葉に集めます。そのためとても甘くなります。わざと霜に当てて作る「ちぢみほうれんそう」もあります。

洋食なら「バターソテー」「キッシュ」「クリーム煮」、和食なら「おひたし」にしてもおいしいですね。

⑧

はいが食パン、チリコンカーン、ほうれんそうのソテー、チーズ、牛乳の献立

ほうれんそうのクリーム煮　ほうれんそうのキッシュ

ほうれんそうのおひたし

⑨

POPEYE SPINACH

Popeye Spinach In A Can · Michael 1952 / from Flickr, CC BY 2.0

『ポパイ』を知っていますか？ どんなピンチになっても、ほうれんそうを食べれば元気百倍。必ず大逆転します。

カロテン（ビタミンA）たっぷりの緑黄色野菜。食物繊維も多く、ヨーロッパでは「胃腸のほうき」ともよばれています。

おいらのひみつはほうれんそう

⑩

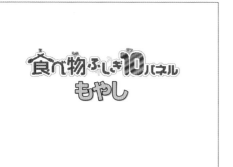

食べ物ふしぎ10パネル
もやし

野菜ですが、畑ではなく、きれいな水のある土地の工場で育ちます。

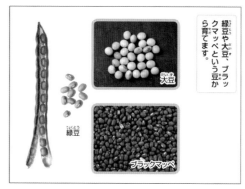

緑豆や大豆、ブラックマッペという豆から育てます。

大豆
緑豆
ブラックマッペ

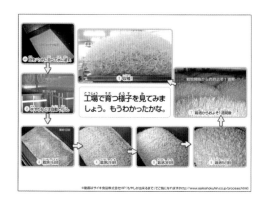

工場で育つ様子を見てみましょう。もうわかったかな。

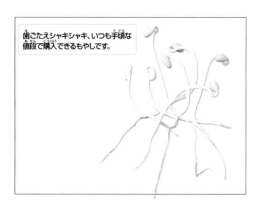

歯ごたえシャキシャキ、いつも手頃な値段で購入できるもやしです。

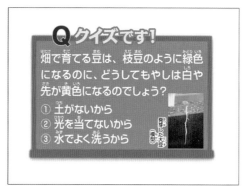

Q クイズです！

畑で育てる豆は、枝豆のように緑色になるのに、どうしてもやしは白や先が黄色になるのでしょう？
① 土がないから
② 光を当てないから
③ 水でよく洗うから

A こたえ

② 光を当てないから

光をさえぎり、暗い場所で育てることで白くて長い身になるのです。

日光に当てずに発芽させた大豆

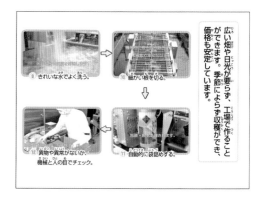

広い畑や日光が要らず、工場で作ることができます。季節によらず収穫ができ、価格も安定しています。

9 きれいな水でよく洗う。
10 細かい根を切る。
11 自動的に袋詰めする。
12 異物や異常がないか、機械と人の目でチェック。

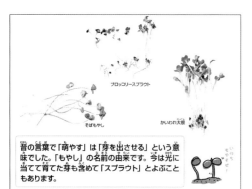

ブロッコリースプラウト
そばもやし
かいわれ大根

昔の言葉で「萌やす」は「芽を出させる」という意味でした。「もやし」の名前の由来です。今は光に当てて育てた身も含めて「スプラウト」とよぶこともあります。

はいが ご飯、ビビンバ（肉・野菜）、わかめスープ、牛乳の献立。

味にくせがなく、いろいろな料理によく合います。ビビンバや中華あえは給食によく登場しますね。

食物繊維が多く、豆のときにはないビタミンCも含まれています。

MEMO

一般的には「豆もやし」として食用にされるものを指す。平安時代の薬草の本にも登場し、当初は薬用に栽培されていたという説もある。明治末期に横浜、神戸など港のある大都市で豆もやしを栽培する業者が現れ、戦後は日本各地で盛んに栽培された。さらに高度成長期の「みそラーメンブーム」で認知度が高まり、機械化や流通網の整備で生産規模も拡大した。現在の日本の生産技術は世界トップクラス。発芽野菜全体を指して「スプラウト」とよぶこともある。

2月

編集・健康教育研究会　発行所・株式会社 健学社　〒102-0071 東京都千代田区富士見1-5-8 大新京ビル　電話 03(3222)0557　FAX 03(3262)2615

食育ニュース mini
食べ物大好き！

食べ物ふしぎ10パネル　もやし

写真提供：サイキ食品株式会社（埼玉県）　監修：横浜市楽しい食育サポートチーム

①

野菜ですが、畑ではなく、きれいな水のある土地の工場で育ちます。

歯ごたえシャキシャキ、いつも手頃な値段で購入できるもやしです。

② 緑豆や大豆、ブラックマッペという豆から育てます。

大豆

緑豆

ブラックマッペ

④

⑤ Qクイズです！

畑で育てる豆は、枝豆のように緑色になるのに、どうしてもやしは白や先が黄色になるのでしょう？
① 土がないから
② 光を当てないから
③ 水でよく洗うから

発芽した大豆（模型）

⑥ Aこたえ

② 光を当てないから

光をさえぎり、暗い場所で育てることで白くて長い芽になるのです。

日光に当てずに発芽させた大豆

昔の言葉で「萌やす」は「芽を出させる」という意味でした。「もやし」の名前の由来です。今は光に当てて育てた芽も含めて「スプラウト」とよぶこともあります。

③

① 豆をバットに並べて水に浸す。

浸け込み後

② 水やりなどは自動で行う。

栽培1日目

③ 栽培1日目

④ 栽培2日目

⑤ 栽培3日目

⑥ 栽培5日目

工場で育つ様子を見てみましょう。もうわかったかな。

⑦ 栽培からおよそ1週間後

栽培開始からおおよそ1週間

⑧ 収穫！

ついにもやしが出来上がりです

⑧ いのちもやすぜ！

ブロッコリースプラウト

かいわれ大根

そばもやし

⑦

⑨ きれいな水でよく洗う。

⑩ 細かい根を切る。

⑪ 自動的に袋詰めする。

⑫ 異物や異常がないか、機械と人の目でチェック。

包装・袋詰めされます

広い畑や日光が要らず、工場で作ることができます。季節によらず収穫ができ、価格も安定しています。

味にくせがなく、いろいろな料理によく合います。ビビンバや中華あえは給食によく登場しますね。

⑨

はいが入りご飯、ビビンバ（肉・野菜）、わかめスープ、牛乳の献立

⑩

食物繊維が多く、豆のときにはないビタミンCも含まれています。

※動画はサイキ食品株式会社HP『もやしが出来るまで』でご覧になれます(http://www.saikishokuhin.co.jp/process.html)

食べ物ふしぎ10パネル
ひじき

春の海辺です。岩場で何をしているのでしょう？

Facebook：瀬戸内・松山しまめぐり「忽和島ののひじき」 いいね！

採っているのは海藻です。柔らかくなる春のものを食べます。新芽が出て柔らかくなる春のものを食べます。

Facebook：瀬戸内・松山しまめぐり「忽和島ののひじき」 いいね！

この海藻は生のままでは食べられません。ときに8～10時間もかけてゆで、それから干されて出荷されます。色も黒く変わりました。もうわかったかな？

＊「房州製法」とよばれ、ゆでる→蒸す→干して出荷される。他に「伊勢製法」といって、干す→水でもどして塩ぬき→蒸す→干して出荷という作り方もある。

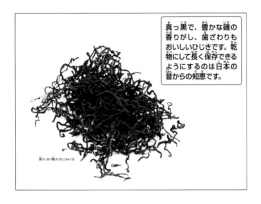

真っ黒で、豊かな磯の香りがし、歯ざわりもおいしいひじきです。乾物にして長く保存できるようにするのは日本の昔からの知恵です。

芽ひじき（「米ひじき」「姫ひじき」ともいう）

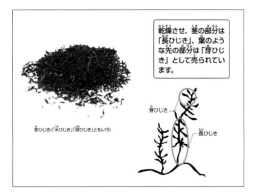

乾燥させ、茎の部分は「長ひじき」、葉のような先の部分は「芽ひじき」として売られています。

芽ひじき
長ひじき

Q クイズです！
乾物のひじきは水でもどしてから料理に使います。もどすと長さはどうなるでしょう？
① ちぢむ
② 伸びる
③ 変わらない

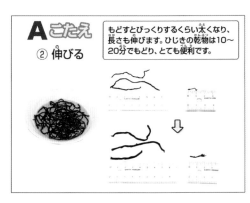

A こたえ
② 伸びる

もどすとびっくりするくらい太くなり、長さも伸びます。ひじきの乾物は10～20分でもどり、とても便利です。

漢字では「鹿尾菜」と書きます。芽ひじきの形がかわいい鹿の尾に似ていることからの当て字です。

ひじきの中華サラダ
（写真提供：高崎市立榛名中学校 栄養教諭 野沢弘子先生）

ひじきご飯（はいがご飯）、煮魚（さば）、呉汁、牛乳の献立

ひじきの卵焼き

ひじきを食べるのはおもに日本だけです。炒め煮やサラダなどに使われます。黒い色が料理の色どりを引き締めます。

私たちの血になる鉄、骨になるカルシウム、おなかのそうじをしてくれる食物繊維がたくさん含まれています。

MEMO

ホンダワラ科の海藻。沿岸の岩場などに生育し、春から初夏にかけて柔らかくなったものを採って食用にする。茎のような部分を「長ひじき（茎ひじき）」、葉のような先の部分を「芽ひじき（米ひじき・姫ひじき）」とよぶ。そのままでは食用にできないので加工が必要。カルシウム、マグネシウム、食物繊維に富む食材。鉄の含有量は製造時の釜の素材により変わる。ヒ素のリスクを減らすため、乾物を戻した汁は調理には使わず、水もどし後は水で2～3回洗い、よく水気を絞ってから使用する。

2月

編集·健康教育研究会　発行所·株式会社 健学社　〒102-0071 東京都千代田区富士見1-5-8 大新京ビル　電話 03(3222)0557　FAX 03(3262)2615

食育ニュース mini
食べ物大好き！

食べ物ふしぎ10パネル　ひじき

監修·横浜市楽しい食育サポートチーム

① 春の海辺です。岩場で何をしているのでしょう？

Facebook:瀬戸内·松山しまめぐり「怒和島のひじき」 👍いいね！

② 採っているのは海藻です。新芽が出て柔らかくなる春のものを食べます。

Facebook:瀬戸内·松山しまめぐり「怒和島のひじき」 👍いいね！

③ ＊「房州製法」とよばれ、ゆでる→蒸す→干して出荷される。他に「伊勢製法」といって、干す→水でもどして塩ぬき→蒸す→干して出荷という作り方もある。

④ 長ひじき（「茎ひじき」ともいう）

⑤ 乾燥させ、茎の部分は「長ひじき」、葉のような先の部分は「芽ひじき」として売られています。

芽ひじき（「米ひじき」「姫ひじき」ともいう）

芽ひじき／長ひじき

漢字では「鹿尾菜」と書きます。芽ひじきの形がかわいい鹿の尾に似ていることからの当て字です。

⑥ **Q クイズです！**
乾物のひじきは水でもどしてから料理に使います。もどすと長さはどうなるでしょう？
① ちぢむ
② 伸びる
③ 変わらない

のりしろ

⑦ **A こたえ**
② 伸びる

もどすとびっくりするくらい太くなり、長さも伸びます。ひじきの乾物は10〜20分でもどり、とても便利です。

⑧

この海藻は生のままでは食べられません。ときに8〜10時間もかけてゆで、それから干されて出荷されます＊。色も黒く変わりました。もうわかったかな？

真っ黒で、豊かな磯の香りがし、歯ざわりもおいしいひじきです。乾物にして長く保存できるようにするのは日本の昔からの知恵です。

ひじきの中華サラダ
（写真提供:群馬県栄養教諭 野沢弘子先生）

ひじきの卵焼き
ひじきご飯（はいがご飯）、煮魚（さば）、呉汁、牛乳の献立

⑨ ひじきを食べるのはおもに日本だけです。炒め煮やサラダなどに使われます。黒い色が料理の色どりを引き締めます。

私たちの血になる鉄、骨になるカルシウム、おなかのそうじをしてくれる食物繊維がたくさん含まれています。

⑩

食べ物ふしぎ10パネル
しいたけ

Qクイズです!
「しいたけ」はどれでしょう?
① ② ③

Aこたえ　①

木に生えるきのこがあります。しいたけは椎にできるので「しいたけ」といいます。そのほか榎に「えのきたけ」、松の周りに「まつたけ」ができ、名前の由来になりました。

①しいたけ　②えのきたけ　③まつたけ
椎(スダジイ)　榎　松(アカマツ)

しいたけは肉厚で風味が豊かです。日本や中国、韓国など東アジアで広く食べられるきのこです。英語名もshiitakeです。

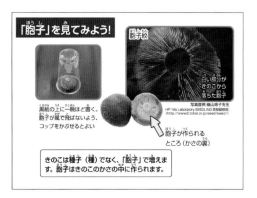

「胞子」を見てみよう!
胞子紋

白い部分がきのこから落ちた胞子

黒紙の上に一晩ほど置く、胞子が風で飛ばないよう、コップをかぶせるとよい

写真提供:横山晴子先生
HP「My Laboratory SEEDLING 実験観察帳」(http://www.2.tokai.or.jp/seed/seed/)

胞子が作られるところ(かさの裏)

きのこは種子(種)でなく、「胞子」で増えます。胞子はきのこのかさの中に作られます。

原木栽培　菌床栽培

シイやナラ、クリ、クヌギの木を使う　おがくずなどで作った「培地」を使う

昔は貴重で高価なきのこでしたが、20世紀になって人工栽培の技術が確立し、手軽に使えるようになりました。

うま味　香り
春　秋

春子…身がしまり、うま味が強い
秋子…香りが高い

旬は春と秋です。春のしいたけは「春子」、秋のものは「秋子」とよび、それぞれ味に特徴があります。

生のきのこは日持ちしないので、乾燥させて「干ししいたけ」を作ります。

しいたけを日に干す

干ししいたけ

うま味
うま味三兄弟
こんぶ　かつお節
干ししいたけ

干ししいたけからはおいしいだしがとれます。こんぶ、かつお節と合わせて「うま味三兄弟」とよぶこともあります。

干ししいたけのもどし汁をだしにする

ごはん ちりめんのしいたけハンバーグ、さつまいもとやっこねぎのあえ物、高知県のとろろ汁、スープミニトマト、ぶしゃかぜりー、牛乳の絵
(第10回全国学校給食甲子園入賞献立 高知県南国市立香北学校給食センター)

生しいたけは歯ごたえがよく、もどして使う干ししいたけは、だしのほか、煮物などによく使われます。

食物繊維が多く、おなかの調子をよくします。干ししいたけにはビタミンDが多く、骨をつくるカルシウムの吸収を助けます。

3月

MEMO

ハラタケ目キシメジ科のきのこ。日本には古くから自生していたものの、採集するしかなかったため、とても高価なきのこだった。江戸時代から人工栽培が試みられたが、栽培技術が確立したのは20世紀に入ってから。人工栽培では原木栽培と菌床栽培の2つの方法がある。しいたけにはさまざまな名称があり、まず発生時期の違いによるものとして「春子」と「秋子」が知られる。そのほか、かさの巻き込み方や大きさ、模様によって名称が変わるが、必ずしも品種の違いではない。

編集・健康教育研究会　発行所・株式会社 健学社　〒102-0071 東京都千代田区富士見1-5-8 大新京ビル　電話 03(3222)0557　FAX 03(3262)2615

食育ニュース mini

食べ物大好き！

食べ物ふしぎ10パネル

しいたけ

監修：横浜市楽しい食育サポートチーム

① Q クイズです！

「しいたけ」はどれでしょう？

① ② ③

② A こたえ ①

① しいたけ
② えのきたけ ✕
③ まつたけ ✕

椎（スダジイ）　榎　松（アカマツ）

木に生えるきのこがあります。しいたけは椎にできるので「しいたけ」といいます。そのほか榎に「えのきたけ」、松の周りに「まつたけ」ができ、名前の由来になりました。

③

しいたけは肉厚で風味が豊かです。日本や中国、韓国など東アジアで広く食べられるきのこです。英語名も shiitake です。

きのこは種子（種）でなく、「胞子」で増えます。胞子はきのこのかさの中に作られます。

④「胞子」を見てみよう！

胞子紋

白い部分がきのこから落ちた胞子

写真提供・横山玲子先生

HP「My Laboratory SEEDLING 実験観察館」
(http://www2.tokai.or.jp/seed/seed/)

黒紙の上に一晩ほど置く。胞子が風で飛ばないよう、コップをかぶせるとよい

胞子が作られるところ（かさの裏）

昔は貴重で高価なきのこでしたが、20世紀になって人工栽培の技術が確立し、手軽に使えるようになりました。

⑤

原木栽培
シイやナラ、クリ、クヌギの木を使う

菌床栽培
おがくずなどで作った「培地」を使う

旬は春と秋です。春のしいたけは「春子」、秋のものは「秋子」とよび、それぞれ味に特徴があります。

⑥

うま味　香り

春子…身がしまり、うま味が強い
秋子…香りが高い

干ししいたけからはおいしいだしがとれます。こんぶ、かつお節と合わせて「うま味三兄弟」とよぶこともあります。

うま味
うま味三兄弟

⑦

しいたけを日に干す

生のきのこは日持ちしないので、乾燥させて「干ししいたけ」を作ります。

干ししいたけ

⑧

こんぶ
かつお節
干ししいたけ

⑨

干ししいたけのもどし汁をだしにする

ご飯、ちひろさんのしいたけハンバーグ、さつまいもとやっこねぎのぬた、香北野菜のとうがんスープ、ミニトマト、ぶしゅかんゼリー、牛乳の献立
（第10回全国学校給食甲子園入賞献立
高知県代表・香美市立香北学校給食センター）

生しいたけは歯ごたえがよく、もどして使う干ししいたけは、だしのほか、煮物などによく使われます。

食物繊維が多く、おなかの調子をよくします。干ししいたけにはビタミンDが多く、骨をつくるカルシウムの吸収を助けます。

⑩

食べ物ふしぎ10パネル
菜の花

春の訪れに先駆けて、黄色い花が一面に咲いています。

あちこちの花にハチも来ていますね。食べるのは、花が咲く前のつぼみです。もうわかったかな？

つぼみとやわらかい葉、茎を食べる、花野菜の代表選手「菜の花」です。つぼみには花を咲かせるためのパワーがいっぱい詰まっています。

ミツバチの巣箱

ハチが集めた菜の花のみつからも、おいしいはちみつが作られますよ。

菜の花生はちみつ
写真提供：澤谷養蜂園（青森県上北郡横浜町）

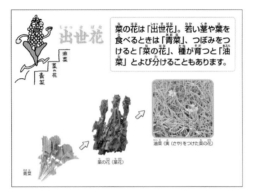
出世花

菜の花は「出世花」。若い茎や葉を食べるときは「青菜」、つぼみをつけると「菜の花」、種が育つと「油菜」とよび分けることもあります。

油菜
茎立
青菜

菜の花（菜花）
青菜
油菜（実（さや）をつけた菜の花）

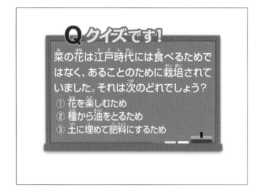
Qクイズです！

菜の花は江戸時代には食べるためではなく、あることのために栽培されていました。それは次のどれでしょう？
① 花を楽しむため
② 種から油をとるため
③ 土に埋めて肥料にするため

Aこたえ
②種から油をとるため

種をしぼって油（菜種油）をとり、明かりをとる行灯の燃料にしました。

絞った油は江戸時代の明かり、行灯の燃料に使われた。

さやと中の種

油菜の実からとる菜種油

旬は2〜3月です。つぼみはそのままにしておくと、数日で花を咲かせます。つぼみのときだけ食べる期間限定のおいしさも魅力です。

少し花がほころび始めた菜の花

菜の花ずし（酢飯・さけそぼろ・卵そぼろ）、すまし汁、牛乳の献立

ちらしずしを彩ったり、おひたしやあえもの、てんぷらやみそ汁の実にしてもおいしいです。

ビタミンCやカロテン、鉄などが豊富です。独特のほろ苦さは、こってりしたものが多くなりがちな冬の食事で弱った胃腸のはたらきを活発にし、春に向けて体調を整えてくれるともいわれます。

MEMO

アブラナ科の植物。「菜の花」として栽培されているものにはさまざまな品種がある。つぼみと若茎を食べる「菜の花（菜花）」はそうした花芽の総称として用いられることが多い。江戸時代に燃料油とするために盛んに栽培された。その油はろうそくよりはるかに安かったそうだが、庶民はさらに安価ないわしの油（鰯油）を使ったという。『菜の花はちみつ』はブドウ糖が多く含まれるため採取直後から結晶化が始まり、4〜5日ほどで完全に結晶化する。

3月

編集・健康教育研究会　発行所・株式会社　健学社　〒102-0071 東京都千代田区富士見1-5-8 大新京ビル　電話 03(3222)0557　FAX 03(3262)2615

食育ニュース mini

食べ物大好き！

食べ物ふしぎ10パネル　菜の花

監修：横浜市楽しい食育サポートチーム

①

春の訪れに先駆けて、黄色い花が一面に咲いています。

②

あちこちの花にハチも来ていますね。食べるのは、花が咲く前のつぼみです。もうわかったかな？

③

つぼみとやわらかい葉、茎を食べる、花野菜の代表選手「菜の花」です。つぼみには花を咲かせるためのパワーがいっぱい詰まっています。

菜の花は「出世花」。若い茎や葉を食べるときは「青菜」、つぼみをつけると「菜の花」、種が育つと「油菜」とよび分けることもあります。

出世花

油菜
菜の花
青菜

青菜
菜の花（菜花）

④

ミツバチの巣箱

ハチが集めた菜の花のみつからも、おいしいはちみつが作られますよ。

菜の花生はちみつ
写真提供：澤谷養蜂園（青森県上北郡横浜町）

⑤

油菜（実（さや）をつけた菜の花）

⑥ Q クイズです！

菜の花は江戸時代には食べるためではなく、あることのために栽培されていました。それは次のどれでしょう？

① 花を楽しむため
② 種から油をとるため
③ 土に埋めて肥料にするため

旬は2〜3月です。つぼみはそのままにしておくと、数日で花を咲かせます。つぼみのときだけ食べる期間限定のおいしさも魅力です。

⑧

少し花がほころび始めた菜の花

⑦ A こたえ

② 種から油をとるため

絞った油は江戸時代の明かり、行灯の燃料に使われた。

さやと中の種

油菜の実からとる菜種油

種を絞って油（菜種油）をとり、明かりをとる行灯の燃料にしました。

⑨

菜の花ずし（酢飯・さけそぼろ・卵そぼろ）、すまし汁、牛乳の献立

⑩

ちらしずしを彩ったり、おひたしやあえもの、てんぷらやみそ汁の実にしてもおいしいです。

ビタミンCやカロテン、鉄などが豊富です。独特のほろ苦さは、こってりしたものが多くなりがちな冬の食事で弱った胃腸のはたらきを活発にし、春に向けて体調を整えてくれるともいわれます。

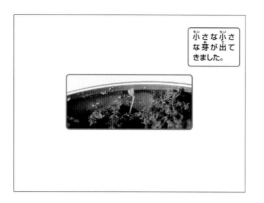

小さな小さな芽が出てきました。

大きくなると「ランナー」というつるを伸ばして、どんどんふえていきましたよ。

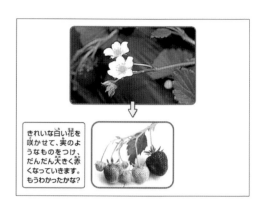

きれいな白い花を咲かせて、実のようなものをつけ、だんだん大きく赤くなっていきます。もうわかったかな？

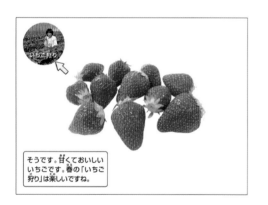

そうです。甘くておいしいいちごです。春の「いちご狩り」は楽しいですね。

Ｑ クイズです！

いちごの表面には、つぶつぶがあります。このつぶは一体、何でしょう？

① いちごのたね
② いちごの実
③ きずがふさがったもの

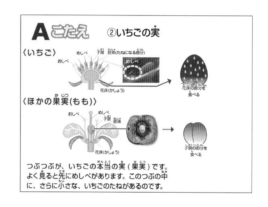

Ａ ごたえ ②いちごの実

〈いちご〉

〈ほかの果実（もも）〉

つぶつぶが、いちごの本当の実（果実）です。よく見ると先にめしべがあります。このつぶの中に、さらに小さな、いちごのたねがあるのです。

今、私たちが食べているいちごは「オランダイチゴ」のなかまです。自然交雑により18世紀のヨーロッパで突然、誕生しました。草の実ですが、果物として扱われます。バラ科の植物です。

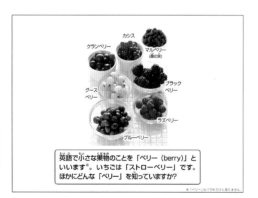

英語で小さな果物のことを「ベリー（berry）」といいます※。いちごは「ストロベリー」です。ほかにどんな「ベリー」を知っていますか？

「ベルナリンプ（じゃがいもパン）、カリラヤン・パイスティ（肉と野菜の煮込み）、サーモンサラダ、キーッセリ」のフィンランド風献立

ジュースにしたり、保存のためにジャムにもされたりもします。フィンランド料理の「キーッセリ」は、さまざまなベリーのジュースに片栗粉でとろみをつけたおやつです。

モイ！こんにちは

キーッセリ

おおきくなあれ

お肌の調子を整えるビタミンＣや、みなさんの成長に欠かせない「葉酸」という栄養素をたくさん含む、ベリーグッドな果物です。

いちごの赤い色を生かして、ひなまつりの「苺もち葛ゼリー」にも！

バラ科の植物。現在は栽培される多年草のオランダイチゴを指すが、もともと「いちご」は、野いちご、へびいちご、木イチゴなども含めた総称であった。オランダイチゴは18世紀にヨーロッパで、南アメリカからのチリ種と北アメリカのバージニア種が交雑して生まれたとされる。日本では、戦後、アメリカからダナー種が導入されて栽培が全国的に広がった。本来の旬は春から初夏だが、現在は栽培技術の進歩やハウス栽培で出荷の最盛期が冬に変わってきている。

3月

編集・健康教育研究会　発行所・株式会社　健学社　〒102-0071 東京都千代田区富士見1-5-8 大新京ビル　電話 03(3222)0557　FAX 03(3262)2615

食育ニュース mini
食べ物大好き！

食べ物ふしぎ10パネル　いちご

監修：横浜市楽しい食育サポートチーム

① 小さな小さな芽が出てきました。

② 大きくなると「ランナー」というつるを伸ばして、どんどんふえていきましたよ。
つる　つる

③ きれいな白い花を咲かせて、実のようなものをつけ、だんだん大きく赤くなっていきます。もうわかったかな？

④ そうです。甘くておいしいいちごです。春の「いちご狩り」は楽しいですね。

⑤ **Q** クイズです！
いちごの表面には、つぶつぶがあります。このつぶは一体、何でしょう？

① いちごのたね
② いちごの実
③ きずがふさがったもの

いちご狩り

今、私たちが食べているいちごは「オランダイチゴ」のなかまです。自然交雑により18世紀のヨーロッパで突然、誕生しました。草の実ですが、果物として扱われます。バラ科の植物です。

⑥ **A** こたえ
② いちごの実
つぶつぶが、いちごの本当の実（果実）です。よく見ると先にめしべがあります。このつぶの中に、さらに小さな、いちごのたねがあるのです。

のりしろ

〈いちご〉　めしべ
おしべ　子房　胚珠（たねになる部分）
めしべ
花床（かしょう）
花床の部分を食べる

〈ほかの果実（もも）〉
おしべ　めしべ
子房　胚珠
花床（かしょう）
子房の部分を食べる

⑧ クランベリー　カシス　マルベリー（桑の実）
グースベリー　ブラックベリー
ブルーベリー　ラズベリー

英語で小さな果物のことを「ベリー（berry）」といいます※。いちごは「ストローベリー」です。ほかにどんな「ベリー」を知っていますか？

⑦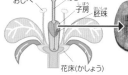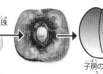
「ペルナリンブ（じゃがいもパン）、カリラヤン・パイスティ（肉と野菜の煮込み）、サーモンサラダ、キーッセリ」のフィンランド風献立

⑨ モイ！（こんにちは！）

ジュースにしたり、保存のためにジャムにもされたりもします。フィンランド料理の「キーッセリ」は、さまざまなベリーのジュースに片栗粉でとろみをつけたおやつです。

キーッセリ
いちごの赤い色を生かして、ひなまつりの「菱もち風ゼリー」にも！
写真　干野雄美先生、遠藤悠子先生（第日美）

⑩ おおきくなあれ
お肌の調子を整えるビタミンCや、みなさんの成長に欠かせない「葉酸」という栄養素をたくさん含む、ベリーグッドな果物です。

※「ベリー」はバラ科だけに限りません。

あとがき

子どもたちの「なぜ？」に寄りそって

平成31（2019）年3月に、文部科学省から公表された『食に関する指導の手引ー第二次改訂版ー』には、「給食時間は楽しく会食すること、健康によい食事のとり方、給食時の清潔、食事環境の整備などに関する指導により、望ましい食習慣の形成を図るとともに食事を通してよりよい人間関係の形成を図る時間」とされ、計画的・継続的に指導することが必要であると示されています。年間約190回ある給食時間ですが、やはりその日に使われている食材や献立ほど子どもたちに印象づける生きた教材はありません。給食時間に「ぱくぱくだより」などの資料を配布する学校は多くあると思いますが、視覚的に子どもたちの心をもっとつかめる教材があるとよいなと考え、この『食べ物ふしぎ10パネル』を製作いたしました。

10枚のパネルの内容は、花や実の写真、クイズ、食べ物にまつわるおもしろエピソード（ことわざ）、栄養、給食・料理例などです。たとえば、当日の給食に使用している食べ物を必要に応じて抜き出し、教室に出向き、子どもたちの「なぜ？」「どうして？」の興味関心をくすぐるように楽しく使っていただけると効果的です。食育指導の初心者でも、簡単に子どもたちの心をつかむことができると思います。この本では資料をパワーポイントにもまとめていますので、1人1台の端末で活用していただくこともできます。指導者のアイデア次第で、いろいろに活用していただけるものと思います。

今回の『食べ物ふしぎ10パネル』の製作にあたっては、この企画に快くご賛同いただき、ご協力をいただいた健学社、前社長の故・細井健司氏に、書籍化に際しましては現社長の細井裕美氏に大変お世話になりました。そして編集会議に毎回横浜までお出でいただき、ご助言をいただいた編集部の吉田賢一氏のご支援にも心から感謝申し上げます。

令和2（2020）年10月
横浜市食育研究協議会
会長　岩本かをり

ふろく パワポ「プレゼン資料」から動画資料（.mp4形式）を作る方法　※Office 365での説明

①パワポの「画面の切り替え」から切り替わり時の効果を設定（とくに「なし」でも構いません）。

②「アニメーション」から各スライド上の画像や文字の動きを設定（とくに設定しなくても可）。

③外部マイクをつなぎ、Windows の設定画面「システム」→「サウンド」で入力をチェック。

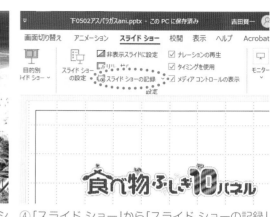

④「スライド ショー」から「スライド ショーの記録」を選びます。ナレーションの吹き込みをします。

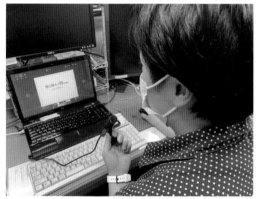

⑤吹き込み風景です。スライドごとナレーションを入れ、OK だったら次のスライドに進みます。

ここをクリックして録音開始。

吹き込みがすべて終わったら「再生」を押して確認することができます。

「設定」で「外部マイク」であることを確認。

「クリア」は録音のやりなおしのときに使います。

次のスライドの吹き込みに移るときにクリックします。

マイクオンをチェック。

⑥吹き込み画面です。各要素について説明します。

⑦ NG テイクのときは「クリア」から「現在のスライドの録音をクリア」をクリック。下の「すべてのスライドの…」はパワポ資料に吹き込んだすべての音声が消去されるので注意します。

⑧吹き込み終了後、「エクスポート」から「ビデオの作成」で書き出します。高画質にするほど書き出しが遅くなり、ファイルも重くなります。

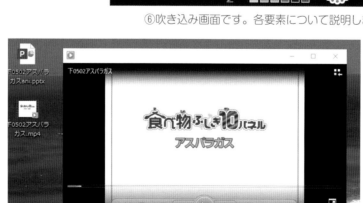

⑨動画ファイルが完成しました。各学校の LAN や PC 環境に合わせてファイルをアップ、コピーして使用します。

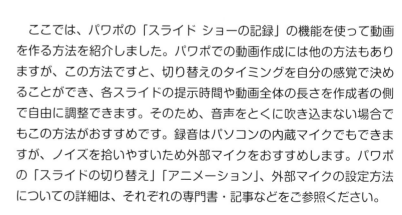

　ここでは、パワポの「スライド ショーの記録」の機能を使って動画を作る方法を紹介しました。パワポでの動画作成には他の方法もありますが、この方法ですと、切り替えのタイミングを自分の感覚で決めることができ、各スライドの提示時間や動画全体の長さを作成者の側で自由に調整できます。そのため、音声をとくに吹き込まない場合でもこの方法がおすすめです。録音はパソコンの内蔵マイクでもできますが、ノイズを拾いやすいため外部マイクをおすすめします。パワポの「スライドの切り替え」「アニメーション」、外部マイクの設定方法についての詳細は、それぞれの専門書・記事などをご参照ください。

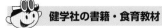 健学社の書籍・食育教材　　※価格はすべて税10%込

文部科学省 中学生用食育教材
「食」の探究と社会への広がり
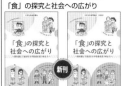
新刊

生徒用 定価 660円
指導者用 CD-ROM付き 定価 1,320円

文部科学省・中学生用食育教材を書籍化。中学3年間使える生徒用と、赤本体裁の指導者用。CD-ROMにPDF・Wordデータを収録。

これで続く、根づく！
食育校内推進体制チェックシート
清久利和 著

A4判 58ページ
定価：1,320円

カリキュラム・マネジメントの7つの視点から9校のチェックシートであなたの学校の食育の課題と強みを把握。これで続く、根づく！

わくわく クッキングBOOK
～楽しく作る家族ごはん～
小切間美保 監修

解説書・CD-ROM付き 定価 2,200円
児童用ワークブック単体 定価 770円

各教科等と連動した調理の家庭内学習教材。ワークシートはPDF形式。タブレットなどに配信して家庭学習用にも。すべてのシートを終えると自分だけの「マイブック」が完成します。

食べ物ふしぎ10パネル 上下

CD-ROM付き
横浜で楽しい食育サポートチーム 監修

A4判 64ページ
定価（各）：2,200円

旬の野菜・果物・魚など50品目の生きものとしての食、食文化、そしてふしぎクイズを10のパネルで学ぶ。壁新聞PDFと10スライド構成のパワポ資料を収録したCD-ROM付き！

みんなで食べ物エキスパート
食育クイズ名人

新刊
「食育フォーラム」編集部編

A5判 114ページ
定価 1,650円

「教養・文化」「サイエンス」「なぞなぞ」の全90問。ホームページからパワポデータをダウンロードして、授業やおたよりなどにも活用できます。

食に関する指導の手引
—第二次改訂版—
文部科学省
A4判 288ページ
定価 1,485円
※2023年3月四刷より価格改定いたしました。

令和の時代の新しい学校食育の指針となる基本文書を1冊の本に。栄養教諭・学校栄養職員、給食・食育関係者必携！健学社版は他社版より軽くて好評です！

たのしい食事 つながる食育 活用ブック

月刊「食育フォーラム」編集部 編
CD-ROM付き
A4判 72ページ 定価 1,980円

文部科学省小学生用食育教材を待望の書籍化。児童用と指導者用ページを見開きでレイアウト。活用資料、PDF・Wordデータも付属CD-ROMに収録しました！

心を育て、食べる力を育む
がんばれ！きゅうしょくぼうや

CD-ROM付き
堀井秀美 著
B5判 176ページ 定価 3,080円

楽しく主体的に学ぶ食教育のための理論と実践。CD-ROMには紙芝居パワボ教材、切り紙掲示物「調理の言葉」、おたより資料のデータを収録。あなたの学校食育をパワーオン！

食育パワーアップ掲示板

天地人ベスト版 CD-ROM付き
「食育フォーラム」編集部編
B5判 144ページ
定価 2,860円

好評「食育パワーアップ掲示板」3部作のよりすぐりベスト版。食育教材としても役立つ掲示資料の作り方、作るためのカラーイラスト、型紙データ、ポスターPDFを収録。

行動科学に基づいた食育紙芝居
にがてなたべものにチャレンジ‼

安部景奈 作/絵
赤松利恵 監修
お茶の水女子大学大学院 人間文化創成科学研究科 栄養教育学研究室

24画面
265×380㎜
価格 3,080円

苦手な食べ物も工夫をしてチャレンジすることで「いいこと」に気づいていきます。1日4枚×5日間の指導でクラスが変わります！

学校における食育の評価
実践ワークブック
（一社）日本健康教育学会 栄養教育研究会
A4横版 32ページ
定価：990円

食育の推進のためには、その効果を周囲がしっかり理解できるように評価を示す必要があります。新時代食育の実践ガイドブック。

スーパー資料ブック CD-ROM付き
食育まちがいさがし＆わくわくブック ワイド版

公文祐子 日南田敦子 絵
A4横判 80ページ 定価 2,420円

「絵のまちがいが食育のまちがい⁉」クイズやパズル、ミニブックの製作を通して子どもたちの主体的な食への関わりを生み出す資料集。新作3点を加え、判型もA4横に拡大。

林先生に聞く
学校給食のための食物アレルギー対応

林典子 著
A5判 208ページ
定価 1,760円

「月刊 食育フォーラム」好評掲載を単行本化。対話形式で学校給食における食物アレルギー対応の注意点や保護者への関わり方の基本がよくわかります。

新版 それいけ！
子どものスポーツ栄養学

矢口友理著
A5判 160ページ
定価 2,420円
CD-ROM付き

スポーツをする子どもたちのために、その大きな目標に向かうための食生活のあり方を丁寧に説いていきます。待望のCD-ROM付でバージョンアップ！

スーパー資料ブック
食育西遊記＆水戸黄門

三嶋裕子 監修
石井よしき 大橋慶子 絵
CD-ROM付き
B5判 144ページ
定価 3,080円

掲示壁新聞、パワポ資料、毎月のおたよりが2年分。親しみやすいキャラクターで楽しくわかりやすく食育ができます。

ふなばし発 手作り食育グッズ！
ハートに伝える食育教材
～作り方から伝え方まで～
板倉敷信了 著
大久保仁美
帝京平成大学教授
上田玲子 監修
B5判 176ページ
定価 1,980円

アイディア教材の作り方から使い方、伝え方まで。布製の手作りの温もり教材で伝える食育実践集。型紙・紙芝居もダウンロードできます。

いまこそ知りたい！
食育の授業づくり

国士舘大学教授 文部科学省 「食に関する指導の手引」改訂協力者委員
北俊夫著
A5判 248ページ
定価 1,760円

学校での食育の授業づくりの基礎・基本についてわかりやすく、具体的に解説します。

食品構成表別・手作りレシピ249
おいしい学校給食
日本図書館協会選定図書

元東京都 日野市立東光寺小学校 学校栄養士
齋藤好江著
B5判 160ページ
（オールカラー）
定価 1,760円

「おいしさは信頼」。学校給食標準的食品構成表に基づき、基準値を満たしにくい食品群を中心に手作りのおいしいレシピを厳選しました。

食生活の知恵の宝庫
ことわざ栄養学
辻啓介著
四六判 200ページ
定価 1,540円

人類の知の宝石箱のような数あることわざを通して、食品の特性や食生活の知恵を学びとることができます。

健学社の刊行物・書籍・バックナンバーなどの情報や注文はこちらから
https://www.kengaku.com/

 その他、HPで書籍紹介！
 健学社 クリック／

www.kengaku.com

株式会社 健学社　〒102-0071 東京都千代田区富士見1-5-8 大新京ビル　TEL 03-3222-0557　FAX 03-3262-2615　振替 00110-1-12622

みんなで食べ物エキスパート
食育クイズ名人

A5判 112ページ オールカラー
定価：1,650円（税込）

給食時間の放送資料、食育の授業のキャッチなどにおすすめ！

子どもたちはクイズが大好き！

クイズをクリアすると〈食育名人賞〉を子どもたちへ贈呈できます！
※書式ダウンロード可能

「サイエンス」
「教養・文化」
「なぞなぞ」
それぞれの視点から、クイズを通して食育の知識を深めることができる！

食育のクイズ本 全90問

読み物としてだけではなく、ホームページからPowerPointデータをダウンロードして、授業やおたよりなどにも活用できる！

監修・原案：横浜市楽しい食育サポートチーム

「子どもたちに興味をもって理解してもらえる食育教材を作ろう」という目的のもと、
横浜市の栄養教諭・学校栄養職員、OB有志が集まって作られたグループです。

池田ふみ子
岩本かをり
柴岡芳子
宮田清美
板垣敏子

寺村正生
小原(橋本)美香子
藤田(中川)侑紀
亜厂理恵
和田敦志
山田彩未
村上華奈
荒幡(秋本)恵里

イラスト：日南田淳子

編集：吉田賢一
資料作図：かけひ(山本)さとこ
パワポ資料製作：髙根澤ルリ

表紙デザインフォーマット：株式会社 デザインコンビビア
壁新聞レイアウト：株式会社 ニホンバレ（小松隆文・岡 優貴・金田光祐）

※本書は、2014年4月号〜2018年3月号まで、壁新聞『旬刊 食育ニュース（健学社）』、月刊誌『食育フォーラム』
　中の「食育ニュース・ミニ」として掲載された紙面と記事をもとに内容を見直し、新たに書き下ろしを加えて
　再構成したものです。

下巻

| 2020年10月30日　初版第1刷発行 | |
| 2024年 7月 5日　　 第3刷発行 | |

監　修　横浜市楽しい食育サポートチーム
原　案

編　者　月刊『食育フォーラム』編集部
発行者　細井裕美
発行所　株式会社 健学社

2024 Printed in Japan

ISBN:978-4-7797-0534-2　C3037　NDC 376　64p 210×297mm